'아니요!'라고 당당히 말해요

자유와 인권을 지키기 위한 외침

'아니요!'라고 당당히 말해요

다니엘레 아리스타르코 지음 | 니콜로 펠리존 그림 | 이현경 옮김

라임

≫ 들어가는 글

자유와 인권을 지키기 위하여

이 책은 자유와 인권에 관한 이야기를 하고 있다. 관심이 쏠리는 이야기를 골라서 먼저 읽거나, 소설처럼 처음부터 끝까지 차례대로 쭉 읽어도 괜찮다. 먼 옛날에서 오늘날에 이르기까지, 시대순으로 배열하긴 했지만 어느 쪽에서부터 읽어 나가도 상관이 없다.

어둠과 반전, 희망이 곳곳에서 속살거리는 이야기들이다. 그리고 이 이야기의 주인공은 모두 사람이다. 좀 더 정확히 말하면, 우리가 흔히 '영웅'이라고 부르는 남자와 여자들의 이야기로 꾸며져 있다. 그런데 이 영웅들의 공통점은 무엇일까?

지금 여러분이 읽으려는 이야기의 주인공은 모두 역사에 뚜렷한 영향을 남긴 인물들이다. 자신의 전투에서 전부 승리를 거둔 건 아니지만, 그들 한 명 한 명은 지금 우리의 사고방식을 변화시키는 데 아주 큰 역할을 했다. 그 외에도 그들을 연결하는 아주 큰 비밀이 하나 있다. 그들 모두가 부당한 일 앞에서 "아니요!"라고 당당히 외쳤다는 것.

"그게 다야? 그 말이 뭐가 어려워서?"

뭐, 이렇게 물을 수도 있다.

사실 '아니요!'라는 말만으로는 부족하다. 그런 거절에는 반드시 책임이 따르기 때문이다. '아니요!'라고 말한 뒤에는 평생토록 일관되게 행동해야 하고, 절대로 체념하거나 절망하지 말아야 하니까.

여러분이 손에 든 이 책은 바로 그런 이야기를 들려준다. 우리의 삶을 변화시킬 수 있는 생생하고 놀라운 모험 이야기를 담고 있는 셈이다. 만약 처음부터 차근차근 읽어 나간다면, 여러 시대를 관통했던 불운한 사건들에 대해 좀 더 자세히 알게 될 것이다.

그들은 온갖 종류의 부당함에 맞서서 치열하게 싸웠다. 단 한 번의 '아니요!' 속에 얼마나 큰 힘이 담겨 있는지를 생생하게 느낄 수 있으리라. 자유를 위해 싸우다 잔인하게 살해당한 여자 이야기도 있고, 자신의 모든 것을 내걸고 차별을 없애려 노력한 남자 이야기도 있다.

그리고 책장을 덮을 즈음에는, 바로 여러분이 그 일을 할 차례라는 사실을 깨닫게 될 것이다.

차 례

프로메테우스

소크라테스

스파르타쿠스

히파티아

조르다노 브루노

드니 디드로

체사레 베카리아

찰스 다윈

에이브러햄 링컨

마하트마 간디

오스카 와일드

에멀린 팽크허스트

복종에 '아니요!'라고 말하기

인간을 돕다가 독수리에게 간을 쪼이다

_프로메테우스

태초

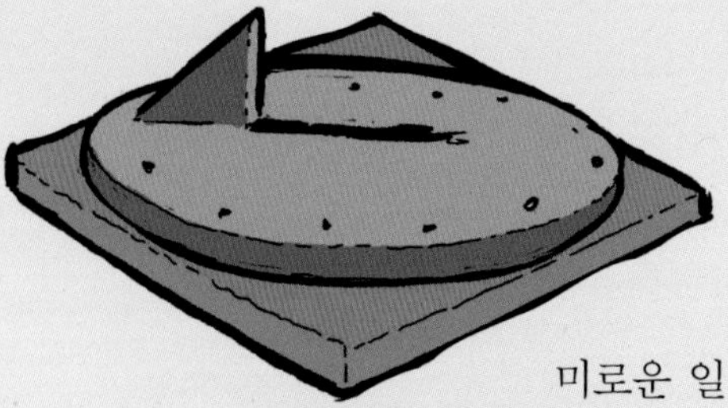

태초였다. 그러니까 시간이 존재하기 전이었다. 말하자면 아직 흥미로운 일이 하나도 일어나지 않았다는 얘기다. 설령 그런 일이 일어났다 해도 그걸 알아차릴 사람이 없었다.

오로지 어둠뿐이었다. 그나마 있는 것이라고는 고요와 공간과 따분함이 전부였다. 한마디로 카오스(혼돈, 무한 공간, 공허를 뜻하는 말로, 아무런 질서가 잡히지 않은 상태)였다.

마침내 가이아, 즉 대지의 여신이 등장했다.

어마어마하게 큰 가이아는 총천연색이어서 아주 눈이 부신 데다 모양도 매우 다채로웠다. 최초의 신 가이아는 스스로 몇 명의 신들을 낳았는데, 바로 하늘의 신 우라노스, 산맥의 신 오레, 바다의 신 폰토스였다.

이때까지만 해도 신들은 인간의 모습이 아니라 자연 그대로의 모양을 띠고 있었다. 대지의 여신 가이아는 그중 하늘의 남신인 우라노스와 사랑을 나누었다. 그 때문에 하늘과 땅이 맞붙어서 그 사이로 빛이 들어오지 않았다. 세상은 곧 캄캄한 어둠에 감싸였다.

얼마 후 가이아와 우라노스 사이에서 티탄이라는 남신 5명(오케아노스, 코이오스, 히페리온, 크리오스, 이아페토스)과, 티타니스라고 하는 여신 6명(테티스, 포이베, 테이아, 테미스, 레아, 므네모시네)이 태어났다. 그리고 마지막으로 크로노스가 태어났는데, 이들 12명을 티탄족 12남매라고 불렀다. 뒤이어 가이아는 외눈박이 거인인 키클롭스 형제와 머리가 50개 달린 거인인 헤카톤케이르 형제를 각각 3명씩 낳았다.

우라노스의 저주

어느 날 문득, 우라노스는 이들이 모두 이상한 괴물 모양을 하고 있다는 걸 깨닫고는, 마음에 들지 않아서 지하 깊은 곳에 있는 '타르타로스(지옥)'에 죄다 가두어 버렸다. 이때부터 가이아와 우라노스의 갈등이 시작되었다. 그 이유는 거인족들이 갇힌 타르타로스가 대지의 여신 가이아의 몸속이었기 때문이다. 난폭한 괴물 거인족들이 조금이라도 요동을 치면 가이아는 극심한 고통에 시달렸다. 결국 티탄족 12남매에게 도움을 청하기에 이르렀고, 그중에서 막내 크로노스가 앞으로 나섰다.

가이아는 크로노스에게 낫을 주면서 우라노스의 생식기를 잘라 버리면 죽을 것이라고 귀띔해 주었다. 크로노스는 두근두근 뛰는 가슴을 가까스로 억누른 채 잠을 자고 있는 우라노스에게 다가가 낫을 휘둘렀다. 이때 흘린 우라노스의 피에서 복수의 여신인 에리니에스 자매와 거인족 기간테스, 그리고 물푸레나무의 님프 요정인 멜리아스가 태어났다. 그리고 그의 생식기에서는 사랑과 미의 여신인 아프로디테가 생겨났다.

이제 세상의 지배권은 크로노스가 움켜쥐게 되었다. 우라노스는 숨이 끊어지기 직전, 크로노스에게 다음과 같은 유언을 남겼다.

"너 역시 나처럼 네 자식에게 쫓겨나고 말 것이다!"

대지의 여신 가이아로부터 하늘의 신 우라노스가 떨어져 나가면서 하늘과 땅이 분리되었다. 이윽고 그 사이로 빛이 들어오면서 세상이 환히 밝아졌다.

제우스, 세상을 평정하다

우라노스의 뒤를 이어 세상을 지배하게 된 크로노스는 티탄족 12남매 중 한 명인 레아와 결혼하였다. 이 둘 사이에서 5명의 자식(헤스티아, 데메테르, 헤라, 하데스, 포세이돈)이 차례로 태어났지만, 크로노스는 아이가 태어날 때마다 그대로 삼켜 버렸다. 아버지 우라노스가 한 유언 때문이었다. 이를 보다 못한 레아는 여섯 번째 아이만은 기필코 살려야겠다고 마음먹었다.

얼마 후, 여섯 번째 아이가 태어났다. 이 아이가 바로 그리스 신들 가운데에서 최고신이라고 불리는 제우스였다. 크로노스는 여섯 번째 아이가 태어나자마자, 삼켜 버리기 위해 빨리 데려오라고 성화를 부렸다. 레아는 돌덩이를 보자기에 싼 뒤 아이라고 속여서 크로노스 앞에 바쳤다. 크로노스는 그 돌덩이를 꿀꺽 삼키고서 이내 안심하는 표정을 지었다.

그 뒤 레아는 어머니 가이아의 도움을 받아, 제우스를 크레타섬에 있는 이데산으로 보냈다. 제우스는 그곳에서 님프 요정들의 보호를 받으며 산양의 젖을 먹고 무럭무럭 자라났다. 제우스가 성인이 되자, 가이아는 크로노스의 악행을 모두 알려 주며 물리치라고 명령했다.

제우스는 그 당시 아내였던 메티스(티탄족 오케아노스의 딸)가 마련해 준 구토약을 크로노스에게 몰래 먹였다. 시간이 얼마나 지났을까? 크로노스는 마지막으로 먹은 돌을 시작으로, 그동안 삼켰던 순서와 거꾸로 아이들을 한 명씩 토해 내기 시작했다. 포세이돈-하데스-헤라-데메테르-헤스티아의 순이었다.

제우스는 크로노스를 물리치기 위해 이 아이들을 자기편으로 만든 후, 테살리아 북부에 있는 올림포스산에 거처를 정했다. 그리고 10년 동안 크로노스에게 대항했지만 티탄족 때문에 끝내 당해 내지 못했다.

이를 보다 못한 가이아는 제우스에게 지하 세계에 갇혀 있는 거인족에게 도움을 요청하라고 일러 주었다. 제우스는 곧바로 지하 세계로 달려가 거인족을 구해 내었다. 거인족은 보답하는 마음으로 제우스에게 번개와 우레, 하데스에게 머리에 쓰면 몸이 보이지 않는 투구, 포세이돈에게 삼지창을 주었다. 이로써 새로운 무기가 생긴 제우스는 자기편을 이끌고 곧장 크로노스 무리에게로 쳐들어갔다.

이 전쟁에서 거인족 형제들은 놀라운 힘을 발휘했다. 그중에서도 손이 100개씩 달린 헤카톤케이르 3형제는 300개나 되는 손으로 커다란 바위를 계속 던져서 티탄족을 꼼짝 못 하게 만들었다.

결국 전쟁은 제우스의 승리로 끝이 났다. 제우스는 크로노스를 포함한 티탄족을 타르타로스에 가두고는, 헤카톤케이르 3형제에게 지옥의 문을 지키도록 명령했다. 전쟁이 끝나고 나서 제우스와 하데스, 포세이돈은 제비뽑기를 한 후 하늘은 제우스가, 바다는 포세이돈이, 지하 세계는 하데스가 다스리기로 결정했다.

프로메테우스, 인간을 창조하다

한동안은 세상이 아주 평화롭고 조용했다. 크로노스는 쇠사슬에 묶인 채 잠들어 있었다. 어떤 면에서는 재미없고 지루하기도 했다.

티탄족 중 하나인 프로메테우스는 특히 더 따분함을 느꼈다. 그렇게 아무것도 하지 않고 지내는 데 싫증이 난 나머지, 어느 날 말랑말랑한 진흙으로 작은 인형들을 빚어 보았다. 꼼짝도 하지 않는 인형들을 가만히 지켜보는 것 역시 따분하기는 마찬가지였다!

그러다 문득 좋은 생각을 한 가지 떠올렸다. 진흙 인형에게 신들의 불꽃을 불어넣는 것! 그렇게 해서 인간이 창조되었다. 그때만 해도 인간들은 아주 불완전하고 무식하고 나약했다. 심지어 할 줄 아는 게 전혀 없었다. 그저 모든 걸 프로메테우스에게 의존했다. 프로메테우스 앞에 무릎을 꿇고서 온갖 것을 다 요구하며 징징거렸다.

"프로메테우스, 배고파요!"

"프로메테우스, 목말라요!"

"프로메테우스, 추워요!"

어쩌면 프로메테우스는 아무것도 가지지 못한 인간들을 딱하게 생각했는지도 모른다. 아니면 책임감을 느꼈을 수도……. 그날 이후, 그는 자신의 시간을 다 바쳐서 인간들을 정성껏 보살폈다. 인간들에게 먼저 물과 불, 음식, 옷을 주었다. 그다음에는 글쓰기를 가르쳤다. 집을 짓는 법과 가축을 기르는 법도 알려 주었다.

하루는 인간들이 떠들어 대는 소리가 제우스의 귀에까지 들렸다. 제우스의 불같은 성격을 잘 아는 프로메테우스는 인간들에게 얼른 무릎을 꿇고 복종을 맹세하라고 조언했다. 인간들은 순순히 프로메테우스의 말을 따랐다.

그다음에는 프로메테우스가 인간들을 불러, 제우스에게 큰 황소 한 마리를 제물로 받치라고 말했다. 하지만 인간들은 이 제안을 썩 마뜩지 않아 했다.

"황소 꼬리나 귀만 바쳐도 되지 않을까요? 뿔만 바치는 건 어때요?"

한 인간이 말했다.

"황소 한 마리를 다 바치는 건 너무 지나쳐요!"

다른 인간이 거들었다.

"프로메테우스, 우린 먹을 게 없어서 배가 무지무지 고프다고요!"

인간들이 한목소리로 외쳤다.

프로메테우스는 깊은 고민 끝에 해결책을 하나 찾아냈다. 황소의 살을 잘 발라낸 다음, 제일 맛있는 살코기 부분은 가죽으로 감싸고 뼈는 지방 속에 잘 숨겨 놓았다. 그러고는 제우스에게 두 부분을 보여 주고서, 한쪽은 제우스가 갖고 다른 쪽은 인간들에게 주자고 제안했다.

제우스는 별 고민 없이 지방 쪽을 골라 들었다. 그러나 곧 자신이 속았다는 걸 알아차리고는 불같이 화를 냈다.

"이런 장난을 생각한 자가 누구인지 모르겠군. 의심이 가는 자가 있기는 하지만."

신들의 제왕이 프로메테우스를 노려보면서 말했다.

"이번에는 인간들만 벌을 줄 테다."

제우스는 인간들에게서 불을 빼앗았다. 인간들을 추위와 어둠 속에 내버려 두고는, 프로메테우스에게 절대로 돕지 말라고 명령했다. 인간들은 또다시 자신들을 창조한 프로메테우스에게 하소연을 늘어놓기 시작했다.

프로메테우스는 인간들 때문에 마음이 아팠다. 이럴 때는 강력한 신 제우스의 명령을 따르지 않는 게 오히려 옳을 듯했다. 결국 불의 신인 헤파이스토스의 대장간에서 불을 훔쳐다가 자신의 피조물들에게 가져다주었다.

하지만 제우스의 눈을 피할 수는 없었다. 프로메테우스는 자신에게 끔찍한 형벌이 내려지리라는 걸 금방 알아차렸다. 형벌을 받으러 가기 전에, 착잡한 심정으로 인간들과 인사를 나누었다.

"이제 신들이 벌을 내리면 누가 우리를 지켜 줄까요? 머지않아 우린 다 죽을 거예요!"

인간들은 연방 훌쩍거렸다.

그러자 프로메테우스가 인간들 쪽으로 몸을 살짝 숙이며 말했다.

"두려워할 것 없어! 비록 신들이 강력한 힘을 가져서 영원히 죽지 않는다지만, 시간인 크로노스를 절대로 무찌를 수가 없거든! 제우스, 헤라, 헤파이스토스……. 언젠가는 그 신들에게 아무도 기도하지 않는 때가 올 거야. 하지만 너희 인간들은 죽음을 피하진 못해도 시간은 물리칠 수 있잖아! 머리와 손과 가슴을 이용해서 용기 있게 행동하도록 해. 부당한 일을 당했을 땐 절대로 복종하지 말고! 너희는 인간의 기억 속에서 영원히 살게 될 거야."

인간에게 내린 신의 형벌

프로메테우스는 제우스의 명령에 복종하지 않은 대가로 바위에 쇠사슬로 묶인 채 영원한 고통을 당해야 했다. 낮에는 독수리가 와서 그의 배를 가르고 간을 쪼아 먹었다. 밤이 되면 굶주린 독수리가 쪼아 먹을 수 있게 간이 원래대로 회복되었다. 그 잔인한 형벌은 제우스의 명령에 따라 영원히 지속될 예정이었다.

그러던 어느 날, 근처를 지나가던 헤라클레스가 프로메테우스를 알아보았다. 헤라클레스는 프로메테우스의 영웅적인 행동을 전해 듣고서 내심 찬탄하고 있던 참이었다. 인간을 이롭게 해 준 프로메테우스가 그런 고통을 겪는다는 게 너무나 부당하다는 생각이 들었다. 그래서 활을 꺼내 독수리를 쏘아 죽여 버렸다. 프로메테우스는 비로소 자유의 몸이 되었다.

한편, 제우스는 인간을 벌주기 위해 판도라라는 여자를 만들어서 프로메테우스의 동생 에피메테우스('때늦은 지혜'라는 뜻)에게 내려보냈다. 판도라는 아프로디테의 아름다움과 헤르메스의 설득력, 그리고 아폴론의 음악을 갖춘 여인이었다.

에피메테우스는 프로메테우스가 강력하게 경고를 했음에도 불구하고 판도라와 결혼을 했다. 그리고 판도라의 상자를 절대로 열지 말라는 형의 당부를 어기고 뚜껑을 열어 버렸다.

그 순간, 악과 노동과 병을 비롯한 온갖 재앙이 세상 밖으로 흘러나오고 말았다. 그러다 맨 마지막에 나온 것이 '희망'이라나? 그래서 인간들은 어떤 불행과 역경 속에서도 '희망'이라는 미래를 바라보고 살아갈 수 있게 되었다.

인간을 위해 끝없는 희생을 감내한 프로메테우스, 그는 훗날 인류의 영원한 벗이 되었다. 그리고 부당한 수난에 대한 영웅적 인내와 억압에 반항하는 의지의 상징으로 자리 잡았다.

고대 그리스의 대표적인 비극 작가인 아이스킬로스는 《묶인 프로메테우스》라는 작품을 통해, 프로메테우스를 인간에게 불을 가져다주었을 뿐만 아니라 생존 수단 이외에 예술과 과학까지 전파함으로써 문명을 일으킨 존재로 표현했다.

모순에 '아니요!'라고 말하기

자신이 모른다는 사실을 아는 것 _소크라테스

기원전 399년

아테네의 아레이오스 파고스 언덕에 무겁게 내려앉아 있던 안개가 시간이 지날수록 점점 더 짙어졌다. 도시 전체가 금방이라도 안개에 묻혀 사라질 것만 같았다. 그러니까 그리스 전역에서 아름다움과 지식에 대한 사랑이 최고로 빛나던 그 도시를 안개가 무서운 기세로 집어 삼키려 하고 있었다.

그날따라 언덕에 이상한 침묵이 감돌았다. 재판을 구경하려는 아테네 사람들이 언덕을 가득 메우고 있었는데도…….

사람들은 재판이라면 사족을 못 썼다. 특히 유명인이나 중요한 임무를 맡았던 사람이 재판을 받는 경우에는 더욱더 그랬다. 중형을 받을 위험이 있을 때는 두말할 것도 없었다.

재판정에 선 철학자

그날 아테네는 아주 평범한 아테네 시민에 대한 판결을 앞두고 있었다. 그 시민의 이름은 바로 소크라테스! 뚱뚱하게 살이 찐 데다 머리칼이 볼썽사납게 벗어진 대머리 노인이었다. 남루한 튜닉(허리 밑까지 내려와 띠를 둘러 입는 낙낙한 옷)을 입은 채 맨발로 어기적어기적 걸어갔다.

그는 그 어떤 공직에도 종사하지 않았다. 위험한 범죄자같이 보이지는 않았지만, 딱히 학식 있는 철학자의 외모도 아니었다. 오히려 평범한 시민의 모습에 더 가까웠다. 그런데 무슨 이유로 호기심에 가득 찬 군중들이 이렇게 벌 떼처럼 모여든 것일까?

사실은 얼마 전에 누군가 소크라테스를 위험한 인물이라고 우기면서 고발을 했다.

"소크라테스는 이 도시 사람들이 믿는 신들을 인정하지 않고 새로운 신들을 소개하는 죄를 지었습니다. 게다가 젊은이들을 타락시킨 죄도 무겁습니다. 사형에 처해야 마땅합니다."

소크라테스가 고발당한 심각한 행위는 바로 이것이었다. 그의 죄를 나열한 사람은 그렇고 그런 시인인 멜레투스와 무능한 정치가인 리코네, 그리고 교활하기 짝이 없는 아니토였다.

소크라테스는 다른 사람의 변론에 의지하지 않고 스스로 변호를 하기로 했다. 그가 제일 잘하는 일 중 하나가 바로 말하는 것이니까! 그는 무엇보다 '말'을 사랑했다. 하지만 절대로 복잡하게 사용하지 않았다. 한마디 한마디 할 때마다 신중하고 세심하게 단어를 선택했다. 특히 단어가 가진 개념의 깊은 의미를 탐색하고, 그것의 무한한 힘을 드러내 보이는 걸 즐겼다.

이윽고 소크라테스는 자신이 아테네에서 왜 이리 많은 적을, 그것도 강력한 적을 갖게 되었는지 설명하기 시작했다. 아테네 시민들은 모두 그의 이야기에 귀를 기울였다.

몇 년 전, 소크라테스의 친구 카이레폰이 델포이에 갔다. 델포이의 신전에는 신의 뜻을 대신 전한다는 사제가 살았다.

카이레폰이 그 사제에게 이 세상에 소크라테스보다 더 현명한 남자가 있는지 물어보았다. 그러자 곧 이 세상에 소크라테스보다 더 현명한 사람은 없다는 신탁이 내려졌다.

"나는 그 신탁 이야기를 듣고 이런 생각에 잠겼습니다. '그 신탁이 무슨 의미가 있을까? 난 내가 현명하지 않다는 걸 누구보다 잘 아는데! 그렇지만 카이레폰이 거짓말을 했을 리는 없어. 신이 거짓을 말했을 리도 없고!'"

자신의 무지를 깨달은 죄

그때 소크라테스에게 한 가지 생각이 떠올랐다. 아테네를 뒤져서 진짜 현명한 사람을 찾아보기로 한 것이다. 현명한 사람을 여럿 만나다 보면 자신의 무지가 명백해져서, 신탁이 잘못되었다는 것을 증명할 수 있으리라고 믿었다.

맨 먼저 아테네에서 현명한 사람으로 칭송이 자자한 정치가들을 찾아가 보았다. 그다음에는 작가들을, 그 뒤에는 예술가들을 만나러 갔다. 그 결과, 하나같이 그들의 지식이 빈약할 뿐 아니라 그 지식이라는 것조차 이익과 관련된 분야에만 국한되어 있다는 사실을 알아차렸다.

정치가는 정치만 알고 예술가는 예술만 알았다. 심지어 자신의 영역에서조차 지식이 풍부하지 못했다. 그렇지만 그들 전부 자신이 세상에서 제일 현명하다고 주장했다.

그제야 소크라테스는 신탁의 의미를 이해했다. 그는 다른 사람들처럼 유용한 지식을 가지고 있지는 않았다. 그런데도 다른 이들이 현명하다고 평을 하는 반면, 정작 자신은 스스로를 무지하다고 생각했다. 인간이 가질 수 있는 최고의 지식은 바로 '자신이 모른다는 사실을 아는 것'이었던 셈이다.

그런데 소크라테스가 그만 경솔한 행동을 하고 말았다. 젊은이들과 여러 가지 질문을 주고받으면서 이 당혹스러운 진실, 즉 아테네가 무지한 자들에 의해 통치되고 있다는 사실을 증명해 보였던 것이다.

젊은이들은 그 사실에 충격을 받은 나머지, 도시를 이리저리 돌아다니면서 사람들을 붙잡고 이런저런 질문을 던졌다. 소크라테스가 젊은이들을 타락시키고 그들의 사고에 부정적인 영향을 미쳤다는 비난을 받는 이유는 바로 여기에 있었다.

그렇다면 소크라테스의 그런 행동을 심각한 범죄라 여기고 고발한 사람들은 어떤 이들일까? 멜레투스와 리코네, 아니토……. 이들은 바로 아테네 시민들 앞에서 소크라테스에게 질문을 받고서 망신을 당했던 권력자 가운데 세 사람이었던 것이다.

완벽한 선을 추구하다

소크라테스는 '불멸'의 존재가 되고 싶은 것이 인간들의 가장 큰 욕망이라고 생각했다. 그 역시 인간이었기에, 다른 사람들과 마찬가지로 불멸을 바라고 있었다. 그래서 그 주제에 대해 오랫동안 스스로에게 질문을 던졌고, 마침내 불멸에 도달할 방법은 하나밖에 없다는 결론에 이르렀다.

몇 년 전, 어느 향연에서 친구들에게 그 이야기를 늘어놓았다.

"아름다움과 선을 생산해야 하네. 우리 모두가 불멸을 얻기 위해 최선을 다하지. 어떤 사람은 영광을 통해서 불멸에 도달하려 애를 쓰고, 어떤 사람은 자신의 이름을 물려줄 자식을 낳아서 불멸을 얻으려 해. 또 정신을 풍요롭게 해서 뛰어난 작품 속에 자신의 흔적을 남기려는 사람도 있고. 그런데 불멸에 도달하는 올바른 길은 멀리 있지 않아. 우리 주변에서 아름다운 것들을 발견하고 그것을 사랑하는 것! 그리고 자신의 몸과 정신을 가꾸어서 물질적인 것과 정신을 분리시켜서 진정한 인식, 즉 완벽한 선에 도달하는 것이지."

소크라테스는 자신이 신들을 존중하지 않을 뿐 아니라, 심지어 새로운 신들을 만들어 냈다고 비난하는 사람들에게 본인의 종교적 감정을 제대로 알지 못해서 그런 거라고 반박했다. 그것은 깊이 있고 심오하지만 눈에 보이지 않는 어떤 것, 그러니까 법정에서 간단히 말할 수 없는 감정이라고 했다.

사실 그는 종종 '다이몬'에 대해 이야기하곤 했다. 다이몬은 그에게 어떤 일을 할지 말지를 조언하는 영혼이었다. 어쩌면 다이몬의 목소리는 그 자신의 의식일지도 몰랐다.

소크라테스가 말을 마치자마자, 고발자 측에서 죄인에게 사형을 언도해 달라고 청했다. 반면에 소크라테스는 국가가 자신의 공적을 인정해서 생존권을 지켜 주어야 한다고 주장했다. 그런데 안타깝게도 대다수의 사람들이 소크라테스의 처형에 표를 던졌다.

"가만히 내버려 둬도 조금만 기다리면 저절로 죽을 텐데."

소크라테스는 무심코 이렇게 중얼거렸다. 그만큼 나이가 많았던 것이다. 어쨌든 그는 사형 선고를 기꺼이 받아들였다. 죽음을 두려워하지 않았기 때문이다.

어쩌면 죽음에 대해 자세히 모르고 있었기에 삶보다 더 나은 무언가를 만날 수도 있다는 생각을 품었는지도 모르겠다. 현세보다 눈부신 세상을 만날지도 모른다고…….

소크라테스는 사람들에게 이렇게 말했다.

"선량한 사람에게는 살아서든 죽어서든 나쁜 일이 일어날 수 없소. 하지만 이미 나는 죽으러 갈 시간이, 당신들은 살러 갈 시간이 되었소. 우리들 중 누군가는 신에게로 가는 게 아니라 더 나은 곳, 모두에게 알려지지 않은 어떤 곳을 향해 가게 될 것이오!"

악법도 법이다!

소크라테스는 사형을 받기 전, 감옥으로 찾아온 친구들과 얼마간 시간을 보냈다. 제자 중 하나인 크리톤이 그에게 가까이 다가와 귀에 대고 나지막이 속삭였다.

"우리가 탈옥을 계획하고 있어, 소크라테스. 필요한 만큼의 돈도 모았다네. 이 돈으로 간수들을 매수하면 자네를 나가게 해 줄 거야. 그 뒤에는 아테네에서 멀리 떨어진 곳으로 가면 돼. 기꺼이 숙식을 제공해 주겠다는 친구들이 많거든!"

하지만 소크라테스는 탈옥을 거부했다. '일관성'이 있어야 했기 때문이다. 즉, 행동과 사고가 일치해야 한다는 것이다. 자신이 옳다고 여길 때만 판결을 받아들이며 법을 존중하는 것은 정당하지 않다고 생각했다.

"설령 받아들이기 힘든 법이라 해도 그에 맞서 부당한 행동을 하는 건 옳지 않네. 악법도 법이니까."

소크라테스가 담담한 목소리로 말했다.

마침내 사형을 집행할 시각이 되었다. 간수가 그에게 강력한 독약이 든 잔을 내밀었다. 소크라테스는 망설임 없이 독약을 마셨다. 독 기운이 금방 온몸으로 퍼져 나갔다. 그는 바른 자세로 바닥에 누웠다. 발과 다리와 팔에 개미 떼가 기어 다니는 듯한 기분이 들었다. 짙은 안개가 그의 몸과 머리를 에워쌌다. 소크라테스는 결코 깨어나지 않을 깊은 잠 속으로 스르르 빠져들었다.

소크라테스는 도시 생활의 기본을 이룬 사고들을 비판했다. 그리고 인간은 겸손해야 하며, 아름다움과 선을 추구하려 노력해야 한다고 주장했다. 그런 이유로 결국 사형을 당했다.

이제 심기를 불편하게 만드는 질문을 다시는 하지 못할 것이고, 그를 기억하는 사람도 더 이상 아무도 없을 것이다. 적어도 그를 고발했던 세 사람은 그렇게 믿었으리라.

하지만 소크라테스의 적들은 중요한 사실 하나를 간과했다. 재판을 지켜보던 시민들 속에 소크라테스가 가장 총애하던 제자 플라톤이 있었다는 것! 훗날 그 젊은이는 역사상 가장 중요한 철학가이자 위대한 작가가 되었다.

플라톤은 성실한 리포터처럼 재판 과정에서 들은 말을 모두 받아 적었다. 그리고 사형이 집행된 뒤 사람들에게 그 이야기를 빠짐없이 전했다. 플라톤 덕분에 소크라테스의 가르침은 지금 우리에게까지 전해지고 있다. 플라톤이 쓴 《소크라테스의 변명》을 통해, 소크라테스는 자신을 비난한 사람들을 물리치고 그토록 바라던 불멸의 존재가 되었다.

인권 유린에 '아니요!'라고 말하기

당신의 이름을 크게 외쳐라! _스파르타쿠스

기원전 73년

스파르타쿠스는 기원전 109년경에 트라키아(발칸 반도 남동부 지역)에서 태어났다. 그렇기는 해도 언제 어디서 태어났는지는 정확히 기억하지 못했다.

한때는 자유로운 신분이었다. 그때는 이름도 있었지만, 이제 그런 것은 전혀 중요하지 않았다. 그나이우스 코르넬리우스 렌툴루스 바티아투스가 그를 노예로 사들였고, 그에게 새로운 이름을 지어 주었다. 바로 스파르타쿠스였다. 이제 그는 사람들에게 스파르타쿠스라고 불렸다.

노예로 팔려 가다

로마인들이 트라키아를 정복하자, 스파르타쿠스는 로마 군대에 아예 자원입대해 버렸다. 하지만 군대 생활을 오래 하지는 못했다. 로마인들이 지속적으로 폭력을 휘두르는 데다 무분별한 권력 남용에 지쳐서 탈영을 하고 말았던 것이다. 그러나 곧 다시 붙잡혀서 노예 신세로 돌아갔다.

로마인들은 노예들을 잡아들이는 것을 좋아했다. 세상을 정복하기 위해 곳곳으로 원정을 다니기 시작한 뒤로는 더 많은 노예가 필요했다. 농사를 짓고 가축을 돌보고 집안 살림을 하는 데만이 아니라, 여가 시간을 즐기는 데도 자주 이용했다.

바티아투스는 스파르타쿠스를 사들인 후 카푸아(이탈리아 캄파니아주의 한 도시)로 데려갔다. 그는 자기 마음에 딱 드는 노예를 찾아냈다고 생각하면서 매우 흡족해했다.

카푸아에는 높은 벽으로 에워싸인 데다 수많은 탑이 뾰족뾰족 솟은 거대한 성이 있었다. 병사들이 물 샐 틈 없이 꼼꼼하게 성을 수비했다. 바티아투스는 스파르타쿠스를 쇠사슬로 묶은 다음 우리에 잠시 가두어 두었다. 그러고는 설교하듯이 이렇게 말했다.

"넌 운이 좋다는 걸 알아야 한다. 넓은 토지를 소유한 주인이 너를 사 갔으면 이십 년이든 삼십 년이든 밭에서 일만 해야 했을 테니까. 난 '라니스타'이다. 그게 뭔지 아나? 진정한 검투사를 양성하는 훈련소를 가진 사람이라는 뜻이지. 내 말, 잘 들어라. 검투사는 운이 좋은 사내들이야. 일

찌감치 죽을 수 있으니까!"

얼마 후, 두 사람은 담장을 여러 개 지나 널따란 광장으로 갔다. 바티아투스는 곧 훈련 교관에게 새로 산 물건을 보여 주었다. 험악하게 생긴 교관은 전직 장교로, 지금은 검투사들을 훈련시키는 일을 맡고 있었다.

"체격이 좋고 튼튼한데, 키가 작은 게 아쉽군요."

훈련 교관이 말했다.

"그래도 민첩해 보이잖나? 트라키아 출신이네. 트라키아 장비를 줘서 미르밀로네(물고기 모양의 투구로 얼굴을 가리고서 큰 방패와 단검을 들고 싸우는 검투사)와 싸우게 하자고!"

바티아투스가 대답했다.

검투사의 종류는 매우 다양했으며, 대개 신체적 특징과 전투 장비로 구별을 했다. 스파르타쿠스는 직사각형의 방패와 투구, 그리고 휘어진 단검을 받았다. 교관은 곧 스파르타쿠스를 흙이 잘 다져진 훈련장으로 밀어 넣었다. 그의 앞에 힘이 엄청 세어 보이는 거구의 남자가 떡하니 서 있었다. 투구에 '미르밀로'라고 새겨져 있었다. (이 투구를 쓴 검투사를 '미르밀로네'라고 불렀다.)

얼굴은 투구에 완전히 가려져 있었으며, 손에는 치명적이기로 유명한 단검을 들고 있었다. 게다가 로마 보병이 전쟁터에서 사용하는 직사각형 방패인 스쿠툼으로 몸을 거의 다 가린 상태였다. 말하자면 스파르타쿠스는 또다시 로마인들에게 죽임을 당할 위기에 처한 셈이었다.

이글이글 타오르는 카푸아의 태양 아래에서 지금껏 한 번도 만난 적 없는 두 남자가 격렬하게 싸웠다. 스파르타쿠스는 적의 거대한 방패를 피하기 위해 휘어진 칼날로 옆구리를 공격했다. 하지만 금세 균형을 잃고 땅바닥에 쓰러져 버렸다.

미르밀로네가 잽싸게 그의 몸 위에 올라탔다. 이윽고 스파르타쿠스의 가슴에 검을 찌르려는 순간, 바티아투스가 다급히 소리를 질렀다. 미르밀로네는 재빨리 동작을 멈췄다.

"멈춰라, 방금 사 온 노예다. 날 파산시킬 작정이냐?"

미르밀로네는 검을 칼집에 집어 넣고 몸을 일으키더니 머리에서 투구를 벗었다. 검은색 얼굴은 깊은 상처로 얼룩져 있는 데다 왼쪽 눈은 아예 애꾸였다.

동료를 향해 칼을 겨누다

그날부터 스파르타쿠스에게 피곤하고 두려운 생활이 시작되었다. 결투에서 목숨을 잃을 정도까지 가지는 않았지만, 온몸에 상처를 입고 뼈가 부러지는 고통을 참아야 했다. 다행히 스파르타쿠스는 시간이 지나면서 점점 더 강해졌고, 무기 역시 제법 능숙하게 다루었다.

그러나 그는 깊은 절망감에 사로잡히기 시작했다. 지금처럼 살아가는 건 인간의 삶이 아니라는 생각이 들었다. 그러다 보니 자연스레 트라키아 바닷가에 우뚝 서 있는 산들에 둘러싸인 채 자유롭게 뛰어다니던 어린 시절이 떠올랐다.

하루 가운데서 유일하게 쉴 수 있는 때는 점심시간뿐이었다. 그때마다 스파르타쿠스는 식사를 하는 노예들의 얼굴을 유심히 바라보며 그들도 자신과 같은 생각을 하는지 확인하려 애썼다.

어느 날 스파르타쿠스 앞에 미르밀로네가 앉게 되었다. 스파르타쿠스가 제일 처음 맞서 싸웠던 상대였다. 그 거인은 고개를 푹 숙인 채 말없이 보리죽을 먹었다. 모든 것을 체념한 듯이 보였다.

그들은 서로에 대해 아는 것이 전혀 없었지만, 상대방을 죽이기 위한 훈련을 계속할 수밖에 없었다. 그런데 무슨 이유로? 단지 로마인들을 즐겁게 해 주기 위해서? 이것보다는 차라리 군대 생활이 훨씬 더 나았다. 그곳에서는 적어도 동료끼리 죽이지는 않았으니까!

스파르타쿠스는 뭔가 행동을 해야 한다는 생각이 들었다. 모든 것을 체념한 채 이렇게 비인간적인 삶을 계속 이어 가고 싶지는 않았다.

그때 거인이 고개를 번쩍 들더니 애꾸눈으로 스파르타쿠스를 뚫어지게 쳐다보았다. 스파르타쿠스의 머릿속에 떠오르는 생각의 흐름을 좇기라도 하려는 듯이. 아니면 그의 말을 두 귀로 낱낱이 들으려 애쓰는 것처럼 보이기도 했다. 서로를 이해하는 데 언어는 필요하지 않았다.

바로 그 순간, 스파르타쿠스가 자리에서 벌떡 일어나서 목청껏 외쳤다. 그는 자신의 진짜 이름을 크게 소리쳤다. 물론 낯선 언어로 된 그 오래된 이름을 아무도 이해하지 못했다.

“당신도 어서 이름을 크게 외치시오!”

스파르타쿠스가 거인에게 말했다.

이윽고 거인이 일어나서 자기 이름을 외쳤다. 거인의 뒤를 이어 다른 사람들도 하나둘씩 일어나 자기 이름을 외치기 시작했다. 그들은 이제 누군가의 소유물이 아니었다. 다시 인간이 되었다.

그렇게 반란이 시작되었다. 검투사들은 이런 반란을 꿈도 꾸지 못한 채 무방비 상태로 서 있던 수비병들을 맨손으로 공격했다. 그들은 먼저 주방을 습격한 뒤 꼬챙이와 칼을 빼앗아 그들을 지키던 간수들을 마구 찔렀다. 순식간에 훈련소를 전부 파괴해 버렸다. 그러고는 무기와 말들을 챙기고서 자유를 찾아 떠났다.

그 후로 3년 동안, 스파르타쿠스는 그들을 지휘해서 로마군과 맞서 치열하게 싸웠다. 그가 지나가는 곳마다 노예들이 봉기해서 대열에 합류했다. 이제 '스파르타쿠스'는 노예의 이름이 아니었다. 저항하는 모든 이들이 지르는 전투의 함성이었고, 그들을 자유로운 인간이라고 느끼게 하는 암호였다.

그러나 안타깝게도 반란은 오래가지 못했다. 스파르타쿠스는 수많은 동지들과 함께 로마인들과의 전투에서 십자가에 못 박힌 채 잔혹하게 죽임을 당했다. 그러나 오늘날까지도 그의 이름을 외치는 사람들이 세계 곳곳에 흩어져 있다. 그들의 전쟁은 아직도 진행 중인 것이다.

스파르타쿠스가 이끄는 반란군은 이탈리아 전역에서 난폭한 행위를 저지르기도 했지만, 스파르타쿠스 자신은 매우 인간적이고 유능한 사람이었다. 계급 투쟁을 위한 그의 반란은 비록 성공을 거두지 못했으나, 스파르타쿠스란 이름은 18세기 말의 아담 바이스하우프트를 비롯해 1916~19년의 카를 리프크네히트, 로자 룩셈부르크 및 독일 스파르타쿠스단의 혁명가들에게 많은 자극을 주었다.

칼 마르크스는 스파르타쿠스를 '프롤레타리아(노동력을 팔아서 생활하는 노동자 계급)의 진정한 대표자'라 부르며 극찬했고, 이후 사회주의 진영에서는 스파르타쿠스를 영웅으로 떠받들기까지 했다.

이 때문에 커크 더글라스가 주연을 맡은 〈스파르타쿠스〉가 영화화될 때는 어려움이 사뭇 많았다고 한다. 더글러스는 각본가인 트럼보(영화 〈로마의 휴일〉의 시나리오를 쓴 천재 작가. 할리우드의 황금기였던 1943년, 정치 스캔들에 휘말려 블랙리스트에 오른다.)를 믿고 자신의 뚝심대로 영화를 제작했다.

미국의 존 F. 케네디 전 대통령은 이 영화를 직접 관람했으며, 훗날 로널드 레이건 전 대통령은 자유를 위해 싸우고 희생한 사람의 예로 스파르타쿠스를 들기도 했다.

한편, 프랑스 작가이자 사상가인 볼테르는 스파르타쿠스 전쟁을 가리켜 '가장 정의로운 전쟁', '인류 역사상 유일하게 정의로운 전쟁'이라는 평가를 내렸다.

종교 탄압에 '아니요!'라고 말하기

자유롭고 독립적인 여자라는 죄? _히파티아

415년

자그마한 체구의 사람이 미로같이 복잡한 이집트 알렉산드리아의 골목길을 민첩하게 가로질러 가고 있었다. 그 사람은 거친 천으로 만든 망토인 '트리본'을 걸치고 있었다. 보통 철학자들이 입는 망토였다.

노예 한 명이 빠른 걸음으로 그 뒤를 따랐다. 순간, 두 사람은 거칠게 충돌하고 있는 기독교인과 유대인의 무리와 맞부딪쳤다. 길을 사이에 두고 거친 말이 오가는가 싶더니, 급기야 돌멩이가 날아다니기 시작했다.

지식을 전파하는 여자

"이쪽으로 돌아가지."

의문의 인물이 노예에게 소곤거리며 어두운 골목으로 사라졌다.

마침내 두 사람은 다른 광장으로 나갔다. 얼마 전까지만 해도 그 광장 주변에는 이교도의 신전이 서 있었다. 화려하게 장식한 대리석 건물로, 햇빛의 강도에 따라 다채로운 색깔로 바뀌며 장관을 이루었다. 알렉산드리아는 오랫동안 아름다움과 지식을 대표하는 도시 중 하나로 손꼽혔다. 하지만 지금은 폐허로 변해 가는 중이었다.

테오도시우스 황제가 기독교로 개종한 뒤, 다른 신앙을 믿는 행위를 일절 금지하였다. 기독교인들은 다른 종교를 무자비하게 박해하기 시작했다. 이교도의 신전과 동상을 때려 부수고, 귀중한 필사본을 단지 이교도 학자들이 썼다는 이유만으로 모조리 불태웠다.

그러한 폭력에 대항해 로마인 행정관 오레스테스가 할 수 있는 일은 전혀 없었다. 동로마 제국은 완전히 쇠락의 길로 들어서 있었고, 대주교 키릴로스는 그것을 이용하기에 바빴다. 키릴로스는 매일같이 대성당의 설교대에서 기독교인들이 다른 종교를 믿는 그 어떤 신자들보다 우월하다고 설교를 했다. 그리고 자신이 가진 모든 힘을 이용해서 다른 이들에게 기독교 신앙을 강요하라고 부추겼다.

얼마 전부터 키릴로스는 '파라볼라노'('자기 목숨을 돌보지 않는 이'라는 뜻)로 구성된 자신의 정예 부대를 이끌고 시내를 돌아다니기 시작했다.

이 부대는 폭력적인 광신도들로, 자신들의 종교를 지키기 위해서라면 목숨까지도 기꺼이 내놓을 준비가 되어 있었다. 바꾸어 말하면, 시간이 흐르면서 대주교는 이 도시의 진짜 주인이 되어 갔다. 딱 한 사람만이 그에게 걱정거리로 남아 있을 뿐…….

“자, 여기서 멈추도록 하지.”

망토를 두른 사람이 말했다.

그 말이 떨어지기가 무섭게 노예가 사람들의 관심을 끌기 위해 손뼉을 짝짝 쳤다. 그 신호에 따라 계단 밑으로 사람들이 모여들었다. 의문의 인물이 트리본을 살짝 들어 올리고서 강의를 시작할 준비를 했다.

놀랍게도 그 인물은 여자였다. 게다가 눈부시게 아름다웠

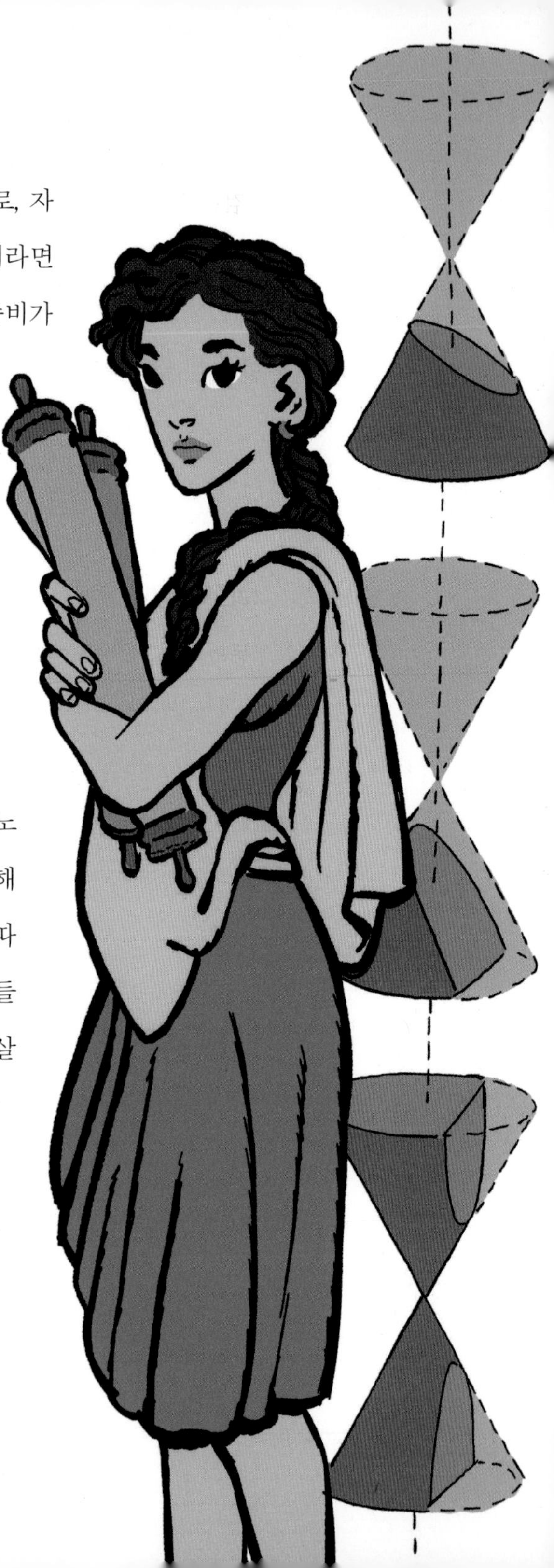

다. 윤기 흐르는 검은색 머리칼이 어깨를 타고 물결치며 흘러내렸다. 눈동자와 피부가 매우 맑았다. 윤곽이 또렷한 얼굴은 꽤 다부져 보였다. 몸은 힘이 넘치면서도 조화로웠다. 그녀의 이름은 히파티아였다. 히파티아의 아버지는 알렉산드리아 대학의 저명한 수학 교수이자 대학의 책임자였다.

그 무렵, 수백 년 동안 박해를 받던 기독교가 로마 황제에 의해 공인이 되는 것을 넘어, 로마 제국의 국교로까지 지정되면서 크게 위세를 떨치기 시작했다. 그리스 사상은 순식간에 이단으로 몰려 배척당했으며, 수학과 과학, 철학 등의 학문은 급격히 위축되었다.

히파티아는 아버지로부터 수학적 역량뿐만 아니라 그리스 사상을 지켜 온 학자로서의 소양을 고스란히 이어받았다. 그녀는 특히 수학과 과학의 응용에 관심이 많았다. 별과 행성의 고도를 측정하는 기구인 아스트롤라베를 만들었고, 수중 투시경을 비롯해 여러 가지 과학 기구들을 제작했다. 아버지와 함께 수학 교과서를 개정하는 작업도 수행했다.

당시 알렉산드리아는 수학의 중심지로, 세계 각국의 학자들이 모여서 서로의 사상과 학문을 나누고 교류하는 장소였다. 히파티아는 이곳 알렉산드리아에서 학자로서의 명성을 떨쳤다. 그녀는 기독교인들이 알렉산드리아의 주요 연구소에 보관하고 있던 귀중한 양피지 사본들을 무자비하게 불사르고 연구소를 파괴하기 전까지 그곳의 책임자이기도 했다. 도시의 지도자들은 복잡한 문제에 대한 조언이 필요할 때마다 그녀를 찾아가곤

했다. 행정관인 오레스테스도 그녀에게 자주 조언을 구했다.

반면에, 대주교 키릴로스는 그녀를 내심 두려워했다. 사실 히파티아의 용기와 지식에 깜짝 놀란 터였다. 그래서 그녀를 공격할 기회만을 호시탐탐 노리고 있었다. 그는 한낱 '여자'가 그렇듯 자유롭고 대담하게 자신의 지식을 과시해서는 안 된다고 생각했다!

그래서 히파티아를 기독교로 개종시키려는 시도를 여러 차례 했으며, 사람들을 가르치는 일을 그만두고 수도원에 들어가라고 노골적으로 암시하곤 했다.

하지만 히파티아는 누구든 자신에게 이래라저래라 강요하는 것을 견딜 수 없어 했다. 그래서 그날 아침에 자신의 생각을 직접 보여 주려던 참이었다. 그녀는 다 무너져서 잔해만 남은 신전으로 이어지는 계단을 올라갔다. 그리고 광장을 향해 돌아서서 천천히 입을 열었다.

"안녕하십니까, 알렉산드리아 시민 여러분! 이제부터 강의를 시작하도록 하겠습니다."

사람들은 히파티아의 말에 조용히 귀를 기울였다. 애정이 듬뿍 담긴 눈으로 그녀를 바라보는 남자들이 한둘이 아니었다. 하지만 히파티아는 그 누구와도 감정적으로 연결되고 싶어 하지 않았다. 오로지 지식만을 한없이 사랑했다.

자유도 마찬가지였다. 그 도시에선 전쟁이 한창이었지만, 그녀는 모든 금지 사항을 어기고서 자유롭게 행동했다. 어느 길목에서든, 광장에서든, 자신의 말을 듣고 싶어 하는 이가 있으면 걸음을 멈추고서 지식을 전파했다.

별들의 움직임을 관찰하고 우주의 중심에 지구를 두고 싶어 했던 프롤레마이오스의 이론과, 태양을 우주의 중심에 둔 아리스토텔레스의 이론을 사람들에게 알려 주었다. 그리고 플라톤이 수세기 전에 쓴《소크라테스의 변명》을 외워서 들려주기도 했다.

알렉산드리아가 기독교의 광기에 휩싸여 있을 때, 히파티아는 새로운 지식의 씨앗들을 조심스레 심고 있었던 것이다. 알렉산드리아 시민들에게 하늘을 관찰하는 법을 비롯해, 세상은 물론 자기 자신을 이해하는 법을 일러 주었다. 그리고 그 이상의 것도 가르쳤다. 바로 복종하지 않는 법!

기독교도의 적으로 몰리다

키릴로스는 자신의 신자들을 불러 모은 뒤, 높은 연단에 올라가 설교를 늘어놓았다.

"히파티아는 우리 도시의 수치이자 불명예입니다. 규칙을 준수하지 않고 여자답게 행동하지 않습니다! 그런 여자에게는 따끔하게 교훈을 줘야 합니다!"

그는 흥분한 나머지, 알렉산드리아의 진짜 행정관은 오레스테스가 아니라 히파티아라고 빈정거렸다. 오레스테스가 히파티아를 사랑하기 때문에 그 여자가 시키는 대로만 한다면서 근거 없는 비난을 퍼부었다.

414년 가을, 키릴로스는 오레스테스에게 알렉산드리아에서 유대인들을 추방하라고 요구했다. 오레스테스가 이 요구를 단호하게 거절하자, 키릴로스의 사주를 받은 기독교 성직자들은 오레스테스가 그리스 신들을 위해 제물을 바쳤다고 모함하면서 신도들을 선동하기 시작했다. 급기야 오레스테스가 기독교도들의 습격을 받고 선동자들을 대대적으로 체포하는 일이 벌어졌다.

그러자 교회와 총독부 사이에 극도의 긴장 관계가 조성되었다. 알렉산드리아에서 여섯 달 동안이나 기독교도들의 폭력적인 소요가 일어났다. 이에 대대적인 검거가 시작되자, 키릴로스는 공격 방향을 다른 쪽으로 돌려서 선동을 하기 시작했다.

즉 오레스테스 대신 히파티아를 기독교도들의 적으로 규정한 것이다. 그는 자신과 오레스테스의 관계를 방해하고 있는 존재가 히파티아이며, 그녀만 제거하면 교회와 총독부의 관계가 훨씬 더 좋아지게 될 것이라고 생각했다.

그렇지만 히파티아는 그 격렬한 소요에도 불구하고, 자신이 위험한 상황에 처했다는 사실을 미처 알아차리지 못했다. 사실 기독교인들을 포함한 대부분의 알렉산드리아 시민들에게 그녀는 숭배의 대상이자 자랑거리였다. 히파티아는 남자들이 입는 트리본을 즐겨 입었으며, 남자들처럼 직접 전차를 몰고 알렉산드리아를 마음대로 돌아다녔다.

415년 3월의 어느 날 오후, 그만 끔찍한 사건이 발생하고 말았다. 기독교도가 주축이 된 폭도들이 강의를 마치고 집으로 향하던 히파티아의 마차를 습격했다. 그들은 히파티아를 마차에서 끌어내린 뒤 옷을 갈기갈기 찢어 나체로 만든 다음, 질질 끌면서 온 거리를 돌아다녔다. 그러다가 캐사리온 교회로 끌고 들어갔다.

얼마 뒤, 성모 마리아 상 바로 아래에서 역사상 유래가 없을 정도로 잔인한 의식이 행해졌다. 그들은 '오스트라코이스('굴의 껍질'이라는 뜻)'라는 도구를 이용해 아직 살아 있는 히파티아의 피부를 낱낱이 벗겨 내기 시작했다. 히파티아는 그 잔인한 의식 도중에 결국 숨을 거두고 말았다. 그러나 그들은 그것만으로 성이 차지 않았는지, 그녀의 살을 모조리 발라낸 다음 조각난 시체를 거리 곳곳에 흩뿌렸다. 심지어 일부는 불태우기까지 했다.

히파티아는 잔인한 방식으로 끝내 살해되었고, 키릴로스는 그토록 원하던 권력을 손에 쥐었다. 알렉산드리아의 아카데미는 이내 폐쇄되었으며, 제자들은 아테네로 가서 새롭게 문을 열었다. 이로써 철학과 수학, 그리고 문화의 중심지가 알렉산드리아에서 아테네로 이동하게 되었다.

그녀의 죽음은 한 시대의 종말을 상징하는 사건이었다. 유럽에서는 이성과 지성의 시대가 막을 내리고, 무지와 야만이 판치는 암흑 시대가 시작되었다. 하지만 유럽인들은 그 사실을 천 년이 지난 다음에야 비로소 깨달았다.

바티칸 시국에 있는 교황궁 중에서 가장 유명한 장소는 바로 '라파엘로의 방'이다. 르네상스의 거장 라파엘로의 작품으로 장식된 이 방의 작품들 중에서 가장 널리 알려진 것은 〈아테네 학당〉이다. 이것은 아테네에 있었던 플라톤의 아카데미를 실제로 그린 게 아니라, 그리스·로마 시대를 대표하는 철학자들을 한자리에 모아서 제작한 벽화이다.

히파티아는 이 그림에 등장하는 스무 명의 철학자들 가운데서 유일하게 여성이다. 라파엘로는 철학사에서 그들이 차지하는 위치를 따져서 플라톤과 아리스토텔레스 등 중요한 인물을 중앙에 우선적으로 배치했다. 그녀는 그림 중앙부 왼쪽에 있는 소크라테스 바로 앞쪽에 서 있었다. 말하자면 그리스·로마 철학사에서 그 정도 위치를 차지할 만큼 뛰어난 철학자로 꼽혔던 셈이다.

지금은 히파티아의 사상과 발견은 물론, 말 한마디조차 남아 있지 않다. 기독교인들이 히파티아의 저서를 모조리 불태웠기 때문이다. 어쩌면 그녀에게 가장 고통스러운 형벌은 잔인한 죽음보다 미래 세대에 자신의 넓고 깊은 지식을 전달하지 못하도록 막아 버린 것일는지도 모른다.

독단주의에 '아니요!'라고 말하기

사상을 포기하느니 차라리 죽음을! _조르다노 브루노

1600년 2월 17일

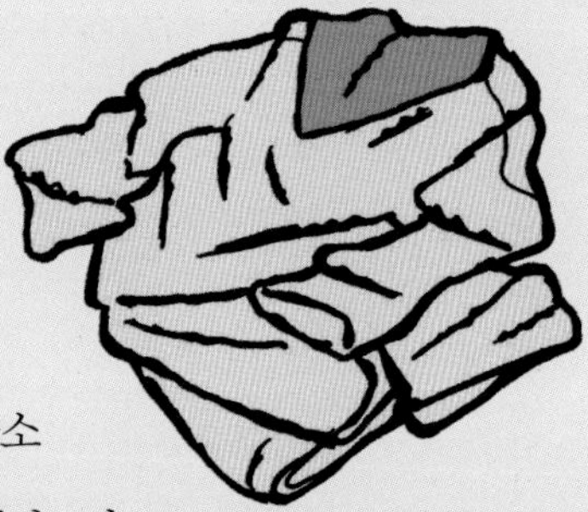

이 무렵에 종교 재판소의 판결을 두려워하지 않은 사람이 있었을까?

일반 재판소는 어떤 사람이 저지른 행동을 근거로 해서 판결을 내리지만, 종교 재판소는 그 사람의 생각을 바탕으로 판결을 내렸다. 재판관 자리에는 추기경들이 앉아 있었다. 어떤 사람의 생각이 옳은지 그른지를 결정하는 미묘한 임무를 그들이 도맡았던 것이다.

그렇다면 판결을 내리는 기준은 무엇이었을까?

그들의 기준으로 올바른 생각은 성경에 적힌 내용과 일치하는 것이었다. 그릇된 생각은 성경과 다른 생각, 좀 더 정확히 말하면 교회에서 가르치는 대로 성경을 읽지 않은 데서 생겨난 생각들이었다.

고발을 당한 사람이 '그릇된' 생각을 가진 것으로 인정되면 종교 재판소는 그를 무조건 이단자로 선고했다. 이단자라는 이 오래된 단어는 원래 '어떤 선택을 한 사람'이라는 뜻이었다. 교회에는 결코 의심의 대상이 될 수 없는 원리, 즉 교리라는 게 있었다. 교리를 거부하거나 다른 진실을 찾으려는 사람은 이단자라 불렸고, 그는 곧 영혼의 구원을 포기한 사람으로 간주되었다.

때를 놓치기 전에 그 사람의 영혼을 구하는 게 종교 재판소의 임무였다. 그러기 위해서 종교 재판소에서는 두 가지 방법을 사용했다. 실수를 저지른 이단자를 설득해서 그의 생각을 '버리게', 그러니까 포기하게 만들었다. 그게 안 되면 잔혹한 형벌을 내렸다. 심각한 경우에는 사형을 선고하기도 했다.

종교 재판에 회부되다

수도사이자 철학자인 조르다노 브루노가 종교 재판소 앞에 서 있었다. 그는 기운이 하나도 없었다. 그의 육신은 이미 7년간의 감옥 생활로 지칠 대로 지쳐 있었다. 길고 긴 재판이 이제 끝나 가는 중이었다.

재판소는 그의 글들을 꼼꼼히 검토했고, 그에 관한 정보를 모조리 수집했으며, 그를 아는 사람은 죄다 불러서 심문했다. 브루노 자신도 여러 차례 심문을 받았다. 성경을 거스르는 생각을 했고, 또 그것을 글로 옮겼다는 자백을 받아내기 위해 고문을 하기도 했다.

그 수도사는 신학교에 다닐 때부터 종교보다는 철학에 관심이 더 많았다. 금서를 읽으면서 종교의 신성한 원칙들을 하나씩 의심하기 시작했다. 그뿐만이 아니었다. 세상을 돌아다니면서 사람들에게 큰 인기를 얻었다. 그가 마법사라고 주장하는 사람이 있는가 하면, 그 시대의 가장 위대한 철학자라고 일컫는 사람도 있었다. 그는 수필과 희곡을 즐겨 썼다. 생각이 자유롭고 호기심이 많은 데다, 두말할 필요 없이 천재적인 두뇌를 가지고 있었다.

그런데 얼마 전부터 교회가 위기에 처하기 시작했다. 그래서 교리와 다른 이론을 너그럽게 인정할 수가 없었다. 매일같이 유럽의 구석구석에서 새로운 종파가 탄생했다.

이제 수도사들은 세상을 돌아다니면서 윤회를 믿는다는 둥, 지구는 우주의 중심에 있지 않다는 둥 하면서 설교를 했다. 그리고 최후의 심판 날은 절대 오지 않을 것이라고 말하기도 했다.

그 무렵 브루노는 인간이 죽고 난 뒤, 생전에 어떤 일을 했느냐에 따라 신에게 심판을 받는 일은 없다고 생각했다.

"영혼이 불멸이라면 죽을 수가 없습니다. 항상 새로운 모습으로 영원히 살아가야 합니다! 어쩌면 그 전에는 동물이었다가 다시 남자로, 아니면 여자로 태어날지도 모릅니다."

그에게는 뛰어난 예지력이 있었다. 특이한 현상을 상상하는 것을 넘어 눈으로 직접 보기까지 했다. 가령, 우주가 무한하다고 주장했다. 그 무한한 우주에서 수많은 행성들이 움직이거나 돈다고 생각했다. 그러므로 우주에는 그 어떤 중심도 없으며, 단지 수백만 개의 태양과 달과 행성들만 있을 뿐이라고 했다. 누가 봐도 매력적인 이론이었다.

교회에서는 브루노에게 당장 그 이론을 철회하라고 요구했다. 브루노

는 철회냐 죽음이냐를 두고 선택의 기로에 서게 되었다.

"당신의 사상을 스스로 포기하거나, 아니면 사형을 당하거나……. 둘 중 하나를 선택하시오!"

추기경 한 사람이 화난 목소리로 호통을 쳤다.

사실 브루노는 몇 년 전부터 계속 생각을 바꾸었다. 처음에는 자신의 이론을 포기할 준비가 되어 있다고 말했다. 하지만 곧 생각을 바꿔서 종교 재판관이나 교황과 만나 직접 토론을 할 수 있느냐고 물었다.

"우리가 원하는 건 이것 하나요. 당신도 잘 알겠지만 아주 간단한 의식입니다."

결국 그는 노란 튜닉을 입어야만 했다. 노란 튜닉은 품이 넓고 긴 셔츠로, '회개복'이라고 부르기도 했다. 그 옷을 입은 채 한 손에 큰 초를 들고서 미네르바 광장까지 종교 행진을 한 뒤, 로마인들이 모두 지켜보는 가운데서 무릎을 꿇어야 했다. 그런 의식이 진행되는 동안, 그는 자신의 사상을 포기한다는 맹세를 해야 자유로운 몸이 될 수 있었다.

브루노는 한참 동안 아무 말도 하지 않았다. 여전히 둘 중 어느 쪽을 선택해야 할지 저울질을 하고 있기라도 하듯이. 공개적으로 굴욕을 당할지, 장엄하게 죽임을 당할지 선택해야 했다. 살아남기 위해서는 그 시대에 가장 뛰어난 천재 가운데 한 사람인 그가 무지한 군중들 앞에서 무릎을 꿇고 용서를 구해야만 하는 상황이었다.

이 재판에는 한 가지 기이한 일이 있었다. 예비 심문을 하고서 몇 년이

지났는데, 재판관들이 벌을 받을 사람에게 형벌의 종류를 정하라고 요구하고 있었던 것이다. 브루노는 자기 앞에 있는 추기경들을 뚫어지게 쳐다보았다. 오랜 재판을 거치면서 그들을 잘 알게 되었다. 이제는 꽤 늙어버렸지만, 여전히 첫날과 똑같이 집요하게 그를 비난했다.

브루노는 그들의 눈을 똑바로 바라보면서 말했다.

"참회하고 싶지 않습니다. 나는 참회할 게 없습니다. 그러니 무엇을 참회해야 할지 알지 못합니다."

바야흐로 그는 선택을 했다. 그가 이런 선택을 하도록 이끈 사람들은 아이러니하게도 재판관들이었다.

브루노는 비록 감옥에 갇히기는 했으나 여전히 진리를 찾는 철학자였다. 자신의 사상을 끊임없이 다듬고 발전시켰으며, 앞으로도 계속 그렇게 할 생각이었다.

하지만 교황이 그 일을 가로막았다. 그 누구도 넘볼 수 없을 만큼 강력한 권력을 손에 쥔 교황이 브루노의 사상을 두려워했기 때문이다. 추기경과 교회 역시 그의 주장 앞에서 몸을 바르르 떨었다. 그렇게 힘 있는 남자들이 두려워한다는 사실은 그의 사상이 그저 위험하기만 한 게 아니라는 의미였다. 그의 주장이 실제로 옳았던 것이다!

그러니까 그들이 옳지 않았다. 그들은 신앙인이면서도 무자비하게 폭력을 휘두르고 있었다. 진정한 믿음이 있다면 그런 행동을 절대로 할 수가 없었다. 그렇기에 브루노는 그들의 교리를 받아들이고 싶지 않았다.

진리의 불꽃으로 온몸을 불사르다

1600년 2월 8일, 재판관들은 판결을 내렸다.

"고집스레 회개하지 않는 이단자 조르다노 브루노는 교회의 관대한 처분을 받을 자격이 없음을 선고한다. 이 수도사가 쓴 서적을 모두 불태우도록 하라!"

범신론의 관점에서 신을 이해하는 브루노의 사상은 기독교에서 받아들이기 어려운 것일 뿐만 아니라 오히려 분노를 자아내게 했다. 왜냐하면 자연은 신의 창조물이지 동격일 수는 없기 때문이었다. 인격신과 삼위일체, 성모 마리아를 부정하는 브루노를 교회는 더 이상 가만 놔두기가 어려웠던 것이다.

그들은 화형을 통해 그의 흔적을 지우고자 애썼다. 그러나 그런 노력에도 불구하고 브루노의 사상은 라이프니츠와 스피노자 등으로 전승되어 여러 사상으로 부활했다.

그는 1600년 2월 17일, 로마에 있는 '캄포 데 피오리(꽃의 들판)' 광장에서 화형을 당했다. 광장 한복판에 장작더미가 쌓이고, 그 위에서 결박당한 채 앉아 있는 브루노를 사람들은 증오와 안타까움이 가득한 눈길로 쳐다보았다.

죽음을 눈앞에 둔 그의 입에서는 한마디의 신음도 호소도 흘러나오지 않았다. 누군가 십자가를 건네주었을 때에도 비웃는 표정으로 말없이 뿌리쳤다. 그렇게 철학자 조르다노 브루노는 자신의 온몸을 진리의 불꽃으로 불살랐다.

수비병이 끌고 가는 동안, 브루노는 재판관들을 향해 무시무시한 말을 던졌다.

"이런 선고를 듣는 나보다 이런 선고를 하는 당신들이 더 두려움에 떨고 있소!"

1899년에 빅토르 위고, 헨리크 입센, 바쿠닌 등의 지식인들은 사상의 자유를 지키기 위해 목숨을 내건 브루노를 기리며, 그가 화형당한 로마의 캄포 데 피오리 광장에 동상을 건립했다. 이에 분개한 교황 레오 13세는 노구의 몸을 이끌고 항의의 금식 기도를 했다.

브루노의 동상에는 이런 글귀가 새겨져 있다.

> 브루노에게,
>
> 그대의 몸에 지펴진 불로 시대의 미래가 밝아졌노라.

반계몽주의에 '아니요!'라고 말하기

체리 콩포트냐, 백과전서냐? _드니 디드로

1751-1772년

바야흐로 드니 디드로에게 선택의 순간이 찾아왔다. 체리 콩포트(과일을 설탕에 졸여 만든 프랑스식 디저트)를 선택할지, 역사적 과업을 선택할지의 문제였다. 당연히 힘든 선택이었다.

마담 조프랭은 보통 때와 같이 저녁 식사를 함께 하려고 디드로를 기다리고 있었다. 디드로는 격주로 월요일마다 파리 생-오노레에 있는 마담 조프랭의 유명한 문학 살롱을 찾았다.

마담 조프랭은 나이가 많긴 하지만 부유한 미망인이었다. 그날 살롱으로 데려갈 마차 한 대가 레스트라파드가에 있는 디드로의 집 앞에서 대기하고 있었다.

그러나 디드로는 선뜻 결정을 내리지 못했다. 그 마차를 탄다면 15분 이내에, 아니 그보다 더 빨리 목적지로 그를 데려갈 터였다. 시테섬을 지나 센강을 건넌 뒤 팔레 루아얄 쪽으로 달려가기만 하면 되었다.

그곳에서 그를 기다리는 당대 최고의 지성들, 즉 '계몽주의자'들을 만나게 되리라. 계몽주의자들은 이성의 빛이 무지의 어둠에서 인간을 벗어나게 한다고 확신하는 작가와 사상가와 과학자들을 일컬었다. 디드로도 그들 중 한 사람이었다.

디드로는 그 가운데서 누구에게도 뒤지지 않을 정도로 중요한 인물이었다. 그런 이유로 마담 조프랭 살롱의 고정 손님이 되었다. 이 살롱에서는 열띤 토론 말고도 궁정 생활에 대한 잡담도 나누었다.

음악도 듣고 커피도 마셨다. 그리고 무엇보다 최고의 체리 콩포트를 맛볼 수 있었다! 그는 원래 자신의 몫보다 훨씬 더 많은 체리 콩포트를 먹을 수 있을 게 분명했다. 그러고 나서 밤늦게까지 철학이며 과학이며 정치 토론을 벌이겠지.

그는 갈등에 휩싸였다. 사람들에게 둘러싸여 여유로운 저녁을 보낼 것인지, 역사와의 약속을 지키기 위해 집에서 원고를 쓸 것인지…….

프랑스 최초의 백과사전을 꿈꾸다

언제나처럼 그는 원고 마감을 넘기고 말았다. 이번에 벌인 일은 그 규모가 어마어마했다. 그는 인간이 한 번도 시도하지 않았던 아주 방대한 문화 프로젝트, 즉 백과전서를 편찬하는 중이었다.

서적 상인 앙드레 르 브르통이 디드로에게 《체임버스 백과사전》(1859년에서 1868년까지, 스코틀랜드의 출판업자 로버트 체임버스와 윌리엄 체임버스 형제가 완성한 백과사전. 영국 백과사전의 시조로 불린다.)을 프랑스어로 번역해 보지 않겠느냐고 제의를 해 왔다.

디드로는 그 제안을 기꺼이 받아들였다. 하지만 곧 번역의 취지 자체를 아예 바꾸어 버렸다. 《체임버스 백과사전》을 프랑스어로 옮기는 데 그치지 않고, 세상의 모든 새로운 개념과 새로운 지식을 하나의 지붕 아래에 담고자 했던 것이다. 그의 열정은 서적 상인들을 자극하였고, 처음보다 더 많은 예산을 만들어 내게 했다.

사실 디드로는 인간의 지식을 모두 이 백과전서에 옮겨 적을 생각이었다. 알파벳 순서에 맞추어서……. 거의 130여 명에 이르는 지식인들이 이 작업에 협력했다. 심지어 수학자인 장 바티스트 달랑베르까지 이 작업에 참여하게 만드는 데 성공했다. 디드로는 달랑베르와 함께 백과전서의 책임 편집을 맡았다.

철학자 장 자크 루소는 음악과 경제와 관련된 항목을 맡았다. 의사인 루이 드 조쿠르는 놀랄 만큼 열정적으로 이 작업에 몰두했다. 그는 거의 사전의 4분의 1에 해당하는 17,000가지 항목을 완성했다.

그 누구도 보수를 받을 생각을 하지 않았다. 철학자이자 풍자적인 소설로 유명한 천재적인 작가 볼테르도 몇 개의 항목을 도맡아 백과전서의 완성에 힘을 보탰다.

디드로는 자신이 맡은 부분의 집필에 몰두했다. 하지만 그가 잘 알고 있는 부분밖에 쓰지 못했다. 그래서 파리의 여러 상점을 답사해 보기로 했다. 직조공과 가죽 장인들을 포함해 다양한 장인들을 만나

보기로 한 것이다.

그는 일일이 인터뷰를 하면서 그들이 하는 일에 대해 조목조목 캐물었다. 또, 화가를 데리고 다니면서 도판에 장인들이 사용하는 도구를 세밀하게 그리도록 했다.

디드로는 놀랄 만큼 세상을 빠르게 변화시키는 새로운 지식을 기록하는 것이 백과전서의 임무라고 믿었다. 왕과 왕비, 귀족, 추기경들의 사회적 역할은 이미 아주 미미해져 있었다.

그 당시 그 누구보다 훌륭하고 근면한 사람들은 부르주아들이었는데, 그들은 상업 활동을 아주 활발하게 하는 새로운 사회 계급이었다. 부르주아들은 여행을 많이 했고, 책과 신문을 즐겨 읽었다. 그들은 매일매일 자신들의 중요성을 새롭게 깨달아 가는 중이었다. 백과전서는 그들이 지식에 접근할 수 있는 가장 단순하고 빠른 방법이었다.

지식을 특권층만 독차지해야 한다고?

백과전서를 편찬하는 작업은 어마어마하게 방대했다. 가령, 못의 정의와 개념에서 제작법에 이르기까지, 모든 사항을 명확하게 분석하고 정의했다. 또한 낡은 미신을 타파해야 했다. 세상이 달라졌다. 이제 그 누구도 하느님에게서 모든 힘이 나오며, 그 힘을 가질 권리는 왕의 손에 있다고 주장하지 않았다.

"다른 사람을 지배할 권리를 부여받은 사람은 아무도 없습니다."

디드로가 열성적으로 즐겨 하던 말이었다. 이러한 개념이 더욱 확실하게 자리 잡게 되면 보다 정의로운 사회를 건설할 수 있을 것이라고 믿었다. 그러나 귀족과 성직자들은 오로지 자신들만 지식을 독차지해서 이용해야 한다고 생각했다.

백과전서 두 권이 처음 출간되자, 국왕 루이 15세는 호위병들에게 그 책을 압수하라고 명령했다. 교황 클레멘스 8세는 그 책을 읽은 사람들을 모두 파문한 뒤, 책을 전부 불태우라고 지시했다.

디드로는 끊임없이 위협을 받으면서도 백과전서 만드는 일을 중단하지 않았다. 그러나 세월이 흐르면서 그를 도와주던 사람들이 하나둘 떨어져 나갔다. 심지어 달랑베르까지 뒤로 물러서 버렸다.

그날 저녁, 디드로는 사실상 이제 혼자라는 걸 깨달았다. 조만간 백과전서 발행자인 르 브르통에게 새로 작업한 원고를 넘겨야만 했다. 어떻게 해야 할까? 그를 역사에 길이 남게 할 이 작업을 포기해야 할까? 아니, 절대로 그럴 수는 없었다!

그때까지 그가 집필한 책은 이미 수천 부가 팔려 나갔고, 혁명적인 사상이 계속 독자들에게로 전달되었다. 백과전서가 시대를 환히 밝히는 중이었다. 그는 혼자서 사전을 다 집필해야 한다고 해도 계속하리라고 다짐했다!

하지만 그날 저녁은 아니었다. 프록코트를 걸치고서 급히 계단을 뛰어 내려갔다. 역사와의 만남은 잠시 내일로 미뤄 둘 참이었다. 마담 조프랭과의 초대를 거절하는 것은 너무나 무례한 일이니까.

"빨리 갑시다!"

그가 마부에게 크게 외쳤다. 그리고 기대감에 잔뜩 부풀어 덧붙였다.

"저녁 식사는 놓쳤을지 모르지만, 디저트를 먹을 시간은 아직 충분히 남아 있겠지!"

마침내 드니 디드로는 1751년부터 1772년까지 20년이 넘는 세월에 걸쳐, 본문과 도판이 포함된 백과사전 28권을 출판하는 데 성공했다. 모두 완성된 항목은 70,000가지가 넘었다.

사실 디드로는 20여 년 동안 단지 백과전서 편찬이라는 단조로운 고역만을 감내했던 것이 아니다. 끊임없이 정치적 박해에 시달렸고, 동지들의 이탈로 고통받아야 했다. 백과전서에서 종교적 관용과 사상의 자유, 과학과 기술의 가치 등에 대해 논하고 있었기에 프랑스 지배 계층이 매우 달갑지 않게 생각했기 때문이다.

게다가 다른 기고자들이 쓴 원고의 고증 작업을 대신하면서 다듬는 도중, 시력에 손상을 입기도 하였다. 그는 낮에는 작업장에서 각종 시스템에 대해 익히고, 밤에는 낮에 익힌 것들을 글로 풀어내는 식으로 집필을 계속해 나갔다. 실로 미치지 않으면 할 수 없었던 그 작업을 하는 동안, 경찰을 비롯한 각계각층의 사람들로부터 지속적인 위협에 시달렸다.

끝이 나지 않을 것 같던 작업이 끝났지만, 결국 그의 고행은 빛을 발하지 못했다. 권력의 비위를 건드릴까 봐 두려움에 휩싸인 출판업자들이 위험성 있는 내용의 일부를 제거하고 출판했기 때문이다. 쓰라린 20여 년이 남긴 기념비는 이렇게 돌이킬 수 없는 손상을 입고 말았다.

하지만 그의 열정까지 사그라든 건 아니었다. 지금은 철학, 소설, 희곡, 미술 비평 등 다방면에서 수많은 저작을 남긴 계몽주의의 대표적인 문필가로 손꼽히며, 파리 제7대학은 그의 업적을 기려 '드니 디드로 대학'이라는 별명을 부여했다.

1784년, 그는 기분 좋은 얼굴로 책상 앞에 앉아, 양고기와 치커리를 넣어 끓인 수프를 먹었다. 그런 다음, 평소에 좋아하던 체리 콩포트를 맛보았다. 한쪽 팔꿈치를 책상에 얹고 손바닥으로 턱을 받친 뒤 천천히 눈을 감았다. 그리고 숨을 거두었다.

사형 제도에 '아니요!'라고 말하기

사형을 선고하는 이도 살인자? _체사레 베카리아

1764년

맛있는 커피 한잔이 필요했다. 아니, 모든 사람에게 커피가 필요했다. 그 음료는 졸음이 밀려올 때면 정신을 흔들어 맑게 깨워 주었다.

그렇다. 체사레 베카리아는 지금 자신의 삶을, 그러니까 절대 변하지 않을 것 같은 도시 밀라노에서의 삶을 뒤흔들 필요가 있다고 생각했다.

그는 밀라노의 전형적인 부잣집에서 태어났다. 아버지 조반니 사베리오 디 프란체스코 후작은 사고가 닫혀 있는 권위적인 남자였다. 심지어 체사레가 열여섯 살 때 테레사 블라스코에게 청혼을 하자, 아들의 상속권을 박탈하겠다고 협박할 정도로 가혹했다.

체사레는 결국 스물두 살에 그녀와 결혼했고, 아버지는 그를 집에서 쫓아냈다. 주머니에 돈 한 푼 없었다. 앞으로 어떻게 살아가야 할지도 막막한 상황이었다.

다행히 한 친구가 선뜻 자신의 집에 머물라고 제안했다. 그 친구의 이름은 피에트로 베리였다. 피에트로는 매우 진취적인 청년이었다. 그의 집은 밀라노에서 가장 똑똑한 청년들이 모이는 장소였다. 그 청년들은 계몽주의자들의 작품, 특히 백과전서의 열렬한 독자들이기도 했다.

답답한 분위기에서 벗어나기 위해서는 체사레에게 바로 그런 모임이 필요했다. 체사레는 밀라노 시민들이 낡은 관습에서 벗어나길 바라는 사람이 자기 혼자만은 아니라는 사실을 알게 되었다.

"잡지를 만들자!"

어느 날 피에트로가 제안했다

"그러면 우리의 생각을 더 널리 알릴 수 있어. 문제점을 토론하고 해결책을 제시할 수도 있을 거야."

모두들 그 자리에서 동의를 했다. 잡지 이름은 《일 카페》로 하기로 마음을 모았다.

사형과 고문에 반기를 들다

체사레는 잡지에 글을 쓸 차례가 되자, 자신이 제일 다루고 싶은 주제가 무엇인지 곰곰이 생각해 보았다. 그동안 자신한테 크게 상처를 주었던 부당함을 다루면 어떨까?

그는 누구나 자신의 생각을 자유롭게 표현할 수 있어야 하고, 그 어떤 독재자도 그것을 가로막을 수 없다고 확신했다. 하지만 그 당시에는 많은 통치자들이 자신들을 비난하는 백성들을 처벌하기 위해 고문과 사형을 이용했다.

그가 다룰 주제는 바로 사형과 고문이었다! 그런데 《일 카페》지에 실을 기사만으로는 이 문제를 충분히 다루기가 힘들었다. 그래서 이 주제로 책을 한 권 쓰기로 작정했다. 아이디어를 제시하는 데 그치지 않고, 그 끔찍한 형벌들을 아예 폐지하자고 주장할 계획이었다.

그의 책이 설득력을 가진다면 아마 커피처럼 강력한 효과를 가져오게 되리라! 통치자들은 자신들이 가진 권력의 일부분, 그러니까 자신들이 다스리는 백성의 삶과 죽음에 관한 부분을 포기하게 될 것이다.

물론 권력자의 생각을 바꾸기가 쉽지 않다는 것을 잘 알고 있었다. 자신의 아버지를 떠올려 보았다. 아버지의 생각은 아무리 시간이 흘러도 절대 바뀌지 않았다. 후작은 뭐가 옳고 그른지를 자문한 적이 결코 없었다, 단 한 번도! 아버지가 쓸모 있다고 생각하는 문제는 이익과 관련된 것들뿐이었다.

체사레는 사형과 고문이 불필요하다는 사실을 증명해야 한다는 생각이 들었다. 그렇게 해야만 아버지와 같은 사람들이 생각을 바꾸게 될 테니까.

사형 폐지 운동의 주창자

집필을 시작하기 전에 이성의 빛에 따라 복잡한 문제들을 먼저 분석해야 했다. 문제를 분명하게 파악하자 확신이 차오르기 시작했다. 그러니

까 살인자에게 사형을 선고하는 사람은 그 자신이 살인자가 된다는 논리를 세웠다. 어떤 사람이 돌로 유리창을 깨면 그 사람에게 유리 값을 지불하게 하면 그만이었다. 그런데 만일 살인을 저지른다면? 범죄자에게 강제 노동을 형벌로 제안할 생각이었다. 적어도 사회는 다른 길, 혹은 모두에게 유용한 활동으로 보상을 받을 수 있어야 하니까.

고문에 관해서도 같은 논리를 펼쳤다. 용의자로부터 무리하게 진실을 자백받기 위해 폭력을 사용하는 것은 옳지 않았다. 고문이 끔찍하기 짝이 없는 행위라는 것은 두말할 필요가 없지만, 그보다는 제 기능을 하지 못하는 게 더 큰 문제라고 생각했다.

고문을 당하는 사람이 반드시 진실을 털어놓지는 않기 때문이었다. 그가 강인한 신체를 가지고 있어서 고문을 견뎌내고 계속 거짓을 말할 가능성도 있으니까. 또는 너무나 허약해서 고문을 피하기 위해 아무 범죄나 본인이 저질렀다고 자백할 수도 있지 않을까. 그러니까 사형과 고문은 옳지도 유용하지도 않은 셈이었다.

체사레는 마침내 자신의 저서 《범죄와 형벌》을 쓸 준비를 마쳤다. 이 책은 출간되자마자 큰 반향을 일으켰다. 《일 카페》 동료들은 연방 극찬을 쏟아 냈고, 계몽주의 철학자들도 앞다투어 걸작이라고 언급했다.

체사레는 크게 기뻐했다. 앞으로 자신의 저서가 유익하게 이용되기를, 통치자들이 법을 개정하고 백성들의 생존권을 좌우할 권리를 포기하기를 강력하게 희망했다. 또한 무고한 사람들의 생명을 구할 수 있기를 바랐다. 1786년, 토스카나 공국의 피에트로 레오폴도가 체사레의 논리에 공감하고 사형제를 폐지하면서 최초의 결실을 맺게 되었다.

《범죄와 형벌》의 주요 논지는 정부 정책이 최대 다수의 최대 행복을 추구해야 한다는 공리주의 원칙에 입각하고 있었다. 체사레는 고문과 비밀 재판, 하급 법관의 변절과 부패, 잔인하고 과도한 형벌과 같은 당시의 야만적 관행을 비난했다. 또, 형벌 제도는 안전과 질서를 적절히 유지하는 선에서 형벌을 부과하는 데 그 목적이 있으며, 그 한계를 넘는 것은 법률의 횡포라고 주장했다.

체사레는 최초로 사형 제도의 완전한 폐지를 주장한 근대의 저술가이며, 그 후 대부분의 문명 국가에서 계속되어 온 사형 폐지 운동의 주창자라고 할 수 있다. 이 책은 유럽 전역에서 형법 개정에 매우 큰 영향을 미쳤다.

영국에서는 공리주의 철학자이자 개혁가인 제러미 벤담이 체사레가 주장하는 원칙들을 지지했고, 벤담 학파인 새뮤얼 로밀리는 의정 활동을 통해 사형의 적용 범위를 줄이는 데 헌신했다. 러시아, 스웨덴, 합스부르크 제국 등은 이 책의 영향을 받아 입법 개혁을 단행했으며, 미국에 속한 몇몇 주의 입법 과정에서도 체사레의 생각이 반영되었다.

인간 중심주의에 '아니요!'라고 말하기

인간도 꾸준히 진화를 한다 _찰스 다윈

1859년

기름 램프 불빛 아래에서 글을 쓰던 찰스 다윈은 그 소리를 또 들었다. 어디서 나는 소리인지는 짐작도 가지 않았다. 그는 지금 몹시 피곤했다. 아주 늦은 시각이어서 서재 창밖으로는 보이는 켄트의 눈부신 평야는 그저 깜깜한 어둠에 휩싸여 있을 뿐, 아무 형체도 구별할 수 없었다.

'내일 아침에 마저 마무리를 해야겠어.'

그는 속으로 이렇게 중얼거렸다.

하지만 의자에서 선뜻 일어나지는 않았다. 단 한 문장 때문에 책을 마무리하지 못한 터라 아직 잠자리에 들지 못하고 있던 참이었다.

마지막 한 문장이 발목을 잡다

1859년이었다. 그는 1842년 7월부터 그 책을 쓰기 시작했다. 《종의 기원》을 쓰는 데 꼬박 17년이 걸린 셈이었다. 그 한 문장을 넣을지 말지를 결정하는 데 또 그만큼의 시간이 걸리기를 원하지는 않았다.

그의 하얀 수염은 이제 자랄 대로 자라서 글을 쓸 때마다 사각사각 종이를 스쳤다.

'책을 다 쓰고 나면 면도부터 해야지!'

그는 스스로에게 약속을 했다.

'엠마와 런던을 산책할 수 있을지도 몰라. 잠깐이나마 함께 시간을 보낸 지가 대체 언제인지……. 밤에는 엠마와 백개먼 게임(두 사람이 하는 주사위놀이)을 해야겠군. 자식을 열 명이나 낳고서 함께 살아왔는데, 1842년부터 이 집에서 한 발짝도 움직이지 않았으니……. 차라리 생각을 하지 않는 게 낫겠어.'

다윈은 다시 원고에 집중을 해 보려 애썼다. 어떻게든 그날 밤에 원고를 끝마치고 싶었다. 그 자신만 생각한다면 평생이라도 계속할 수 있었다. 출판을 서두를 이유가 전혀 없었으니까! 하지만 그가 책을 집필하는 데 매달려 있는 사이, 영국에서 자신과 동일한 주장을 하는 과학자들의 논문이 속속 발표되고 있었다.

그는 자신이 세운 이론의 저작권을 빼앗기지 않으려고 서둘러 첫 번째 발췌본, 그러니까 일종의 요약본을 출간했다. 말하자면 그가 이 책의 결론을 내린 것은 지금이 아니었다!

모든 일은 1837년에 시작되었다. 어쩌면 1838년이었는지도 모른다. 이제는 정확히 기억조차 나지 않았다. 쌍돛대 범선인 비글호를 타고 5년 동안 세계 일주를 하고 돌아온 직후였다. 그는 어마어마한 양의 자료를 수집했고, 그만큼 부지런히 메모를 했다. 그리고 집 안에 틀어박혀 그 방대한 자료를 일일이 정리했다.

그는 이 세상에 살아 있는 모든 종이 각자의 환경에서 생존을 위해 투쟁을 한다는 사실에 확신을 얻게 되었다. 시간이 흐르면서 종들은 다양해지고 또 변형되었다. 이러한 변형은 후손들에게 고스란히 전해졌다.

간단히 말해, 시간이 흐르면서 진화를 하는 것이었다. 그의 이론은 가히

혁명적이었다. 그때만 해도 동시대 사람들 대부분이 세상의 모든 종은 하느님이 창조했고, 그렇기 때문에 전혀 변할 수 없다고 생각했다.

다윈은 자신의 생각을 뒷받침할 증거를 몇 년에 걸쳐 수집했다. 이제 정말로 준비가 다 되었다. 다만, 그 마지막 한 문장에서 망설이고 있을 뿐이었다. 이 모험을 시작할 때부터 이미 그 문장을 염두에 두고 있었다. 논리적인 추론이었다. 진화의 법칙이 모든 종에게 들어맞는다면 인간에게도 똑같이 적용되어야 했다. 그러니까 인간도 진화를 하는 셈이었다. 그러나 그의 말을 믿으려는 사람이 몇이나 있을까?

'이 문장을 첨가하면 분명 인간을 동물과 같이 취급한다고 비난을 받을 테지. 신의 창조물을 존중하지 않는다고 말할 거야. 게다가 내 온 힘을 쏟아서 힘들게 쓴 나머지 수백 페이지의 내용에 관심조차 보이지 않을 테고.'

다윈은 그 문장을 차마 추가할 수가 없었다. 그러다 갑자기 의구심이 생겼다.

'결과가 두려워서 내 작업 중 가장 혁명적인 결과를 포기한다면 사람들이 뭐라고 생각하겠어?'

다윈은 마지막 문장을 썼다가 금방 지웠다. 아까 그 소리가 다시 들렸기 때문이다. 그런데 그가 동작을 멈추면 아무 소리도 들리지 않았다. 그가 글을 쓰기 시작하면 또다시 들렸다. 이번에는 소리가 훨씬 컸는데, 책상 밑에서 들리는 듯했다. 생쥐가 틀림없었다. 펜이 종이 위에서 움직이는 소리를 들으면 안심을 하는 모양이었다. 반대로 조용해지면 불안한지 소리를 내지 않았다.

다윈이 글을 쓰기 시작하자 쥐도 곧 그 이상한 소리를 냈다. 간단히 말해, 생쥐 역시 약간 특별한 방식으로 글을 쓴다는 가정을 배제할 수 없었다. 어쩌면 다윈의 책과 비슷한 내용의 책을 쓰는 중인지도 몰랐다. 《들쥐 버전 : 종의 기원》 같은……. 다윈과 생쥐는 그렇게 잠시 서로의 친구가 되어 가만히 있었다. 마치 동료들과 함께 있을 때처럼.

다윈은 어떤 사람들에게 혐오감을 불러일으키는 그 생쥐 역시 지능을 가지고 있기는 하지만, 과학적으로 아직 밝혀지지 않았을 뿐이라고 생각했다. 그리고 인간이 신의 섭리로 창조된 존재라는 그 생각, 즉 인간 중심적인 그 생각을 터무니없는 주장이라고 믿었다! 실제로 태양 중심적인 이론이 이미 그런 오만한 태도에 좋은 교훈을 주지 않았던가.

그래서 인간 중심적인 사고방식에 '아니요!'라고 말하기로 결심했다. 하지만 아주 신중하게 행동했다. 책의 마지막 부분에 그 문장을 쓰지 않고, 끝에서 두 번째 페이지 중간쯤에 썼다. 최대한 조심스러운 표현을 사용했다.

인간의 기원과 인간의 역사에 많은 빛이 비춰지게 될 것이다.

마침내 그는 펜을 내려놓았다. 그리고 자그만 동료, 생쥐에게 잘 자라고 인사를 한 뒤 잠자리에 들었다.

다윈의 책은 출간되자마자 놀라운 반응을 불러일으켰다. 그 문장이 돌파구가 되어 그 시대의 확신으로 세워졌던 견고한 성 전체를 흔들기 시작했다.

자연 선택설을 수립하다

1831년, 영국 해군은 비글호 항해 때 로버트 피츠로이 함장과 동행할 박물학자를 구하고 있었다. 항해 목적은 파타고니아와 푸에고섬, 칠레, 페루 등 남아메리카의 해안과 태평양의 섬들을 조사하여 일련의 크로노미터(바다에서, 특히 경도를 측정할 때 이용되는 시간 측정 장치) 측점을 수립하려는 것이었다.

이때 헨슬로 교수가 다윈을 추천했다. 다윈은 1831년 12월 27일에 비글호를 타고 데이번포트를 떠나 5년간 항해를 했다. 브라질에서는 처음으로 열대림을 보았고, 아르헨티나에서는 나무늘보·마스토돈·말 등의 화석을 발견했다. 또, 티에라델푸에고섬에서는 사람이라고 보기 어려울 정도로 미개한 인종을 만났다.

칠레에서는 지진을 경험한 뒤 육지의 융기에 대한 지진의 영향, 화산 폭발과 지진과의 관계 등을 관찰했다. 항해 중에 상륙을 하면, 말을 타고 나가서 직접 채집을 하고 사냥을 했다.

비글호는 갈라파고스제도에서 타히티, 뉴질랜드, 오스트레일리아, 코코스제도, 모리셔스제도, 남아프리카, 세인트헬레나섬 등을 항해한 다음, 크로노미터를 점검하기 위해 다시 브라질에 갔다가 귀국했다.

비글호 항해 중에 예리한 통찰력으로 자연을 관찰하면서 얻은 식견, 사고, 채집품 등은 그의 진화설과 자연 선택설을 수립하는 데는 물론, 기타 연구 업적의 모태가 되었다.

다윈은 진화가 어떻게 일어났는지 설명할 수 없는 한, 사람들을 납득시키려고 해도 아무 소용 없다는 걸 잘 알고 있었다. 그는 한 종의 모든 개체가 서로 똑같은 게 아니라 변이를 나타낸다고 생각했다.

어떤 개체들은 살고 있는 곳에 잘 적응하여 번성하지만, 어떤 개체들은 적응이 잘 안 되어 멸망했다. 이것은 다윈이 1837년에 일찍이 파악했던 자연 선택의 원리이며, 자연이 어떻게 자연 선택을 진행시키는지 끊임없이 알아내고 싶어 했다.

1838년 9월 28일, 다윈은 맬서스의 《인구론》을 읽었다. 여기서 맬서스는 인구가 기하급수적인 증가를 하는데도 사람의 식량 공급은 산술급수적으로 증가하는 데 지나지 않는다고 하면서, 인구의 증가가 억제되지 않으면 결국 빈곤한 사람들의 죽음을 가져오리라고 예견했다.

바야흐로 다윈은 바로 이 논리가 먹이의 공급을 인위적으로 증가시킬 수 없는 식물과 동물에도 고스란히 적용된다는 사실을 깨달았다.

《종의 기원》으로 새로운 시대를 열다

다윈은《종의 기원》에서 생물의 진화론을 내세워 코페르니쿠스의 지동설만큼이나 세상을 놀라게 했다. 당시 지배적이었던 창조설, 즉 지구상의 모든 생물체는 신의 뜻에 의해 창조되고 지배된다는 신 중심주의 학설을 뒤집고 새로운 시대를 열어, 인류의 자연 및 정신 문명에 커다란 발전을 가져오게 했다.

"인간과 원숭이는 공통 조상을 갖는다."는 그의 발언은 당시 유럽 사회에 커다란 충격을 주었고, 진화론과 창조설 간의 논쟁에 본격적으로 불을 붙였다. 1860년에 영국 옥스퍼드에서 열린 한 토론회에서는 인간의 조상이 원숭이냐 아니냐를 놓고 영국 사회 각계 인사들이 모여 논쟁을 벌이기까지 했다.

다윈이 진화론을 정리한 생물학자로 알려지자, 당시 일부 보수 언론들은 그를 원숭이에 빗대 풍자 만화를 그리기도 했다. 사실 그는 남아메리카 여행 당시, 백인들이 원주민들을 무자비하게 잡아가는 것에 격분하여 노예 제도를 반대하는 데도 앞장을 섰다.

실제로 남아메리카 여행 당시 비글호 선장과 노예 제도 문제로 논쟁을 벌였다고 한다. 선장이 노예들더러 행복하냐고 질문했을 때 모두 그렇다고 대답했다고 하자, 다윈은 만약 주인이 없는 곳에서도 그렇게 대답을 했겠느냐고 응수했다는 일화가 전한다.

일생 동안 정식 직업을 갖지 않았던 다윈은 1882년 4월 19일에 자기 집에서 세상을 떠났다. 그리고 이틀 뒤, 20명의 국회의원이 서명한 청원서에 따라, 웨스트민스터 사원에 영국의 수상들과 왕들 옆에 나란히 묻혔다.

노예 제도에 '아니요!'라고 말하기

인간다운 삶을 꿈꾸다 _에이브러햄 링컨

1862년 9월 22일

티니는 미국 조지아주 크로퍼드에서 태어났다. 자신이 언제 어디서 태어났는지 정확히 알지 못했지만, 그 때문에 크게 괴로워하지는 않았다. 어쨌든 어느 곳에서 어느 날엔가 태어난 게 분명하니까!

그러나 자신이 노예로 태어났다는 사실만큼은 잘 알고 있었다. 그는 이름이 없었고, 주인들은 작은 아이라는 뜻의 '티니'라고 불렀다. 시간이 지나면서 그 별명이 몸에 달라붙어 버렸다.

노예로 태어난 아이

티니는 부모가 누군지도 몰랐다. 다만 다른 노예들과 달리 피부가 검지 않았다. 그래서 막연하게 자신의 아버지가 백인일 거라고만 생각했다. 가끔씩 주인들을 보면서 혹시 자신과 닮은 데가 없는지 유심히 살피곤 했다.

그의 조상에 대해서는 아는 것이 전혀 없었다. 아프리카에서 미국으로 노예들을 데려올 때 좁디좁은 배에 많은 사람들을 한꺼번에 태우는 바람에, 길고 긴 시간 동안 말로 표현할 수 없을 만큼 고통에 시달렸다는 이야기를 전해 듣기는 했다. 지금 여기에 노예 신분으로 있으니, 오래전 그의 조상들이 그런 고통을 경험했다고 미루어 짐작할 수 있을 뿐이었다.

침대에서 잠을 자 본 기억이 단 한 번도 없었다. 밤이면 허름한 오두막에서 지푸라기와 넝마가 깔린 바닥에 웅크리고 누웠다. 논다는 말이 무슨 의미인지도 몰랐다.

밭에서 일하기에는 너무 어린 나이였을 때부터 하루도 빼놓지 않고 뜰을 쓸거나 밀 자루를 물방앗간으로 날랐다. 물방앗간은 농장에서 5킬로미터가량 떨어져 있었다.

글을 읽거나 쓸 줄도 몰랐다. 노예들 가운데 그에게 읽기와 쓰기를 알려 줄 만한 사람이 한 명도 없었다. 노예가 하는 일 중에 주인 자식들의 책가방을 들고 학교까지 데려다주는 것이 있었다.

언젠가 한번, 교실 근처까지, 창문으로 안을 슬쩍 들여다볼 수 있을 정도로 가까운 거리까지 가 볼 기회가 생겼다.

수십 명의 아이들이 책상 앞에 앉아 있었고, 교실은 눈부시게 밝았으며, 여자 선생님은 다정하게 미소를 지었다. 그 교실이 그에게는 천국 같아 보였다.

식사다운 식사를 해 본 적도 없었다. 낮에는 옥수수 몇 개와 채소, 베이컨으로 겨우 허기만 달랬다. 일을 하지 않는 유일한 시간은 일요일 예배 때뿐이었다. 티니는 다른 노예들과 함께 교회 신도석 뒷줄에 앉아 얼굴에 주근깨가 잔뜩 나 있는 전도사 존스의 설교를 들었다.

존스는 아일랜드 출신의 노인이었다. 일요일마다 성경 이야기를 들려주었는데 결론은 항상 똑같았다.

"노예제를 원한 것은 하느님이십니다."

존스는 얼굴이 시뻘겋게 달아오를 정도로 흥분해서 열변을 토했다. 그럴 때면 주근깨가 잠깐씩 눈에 띄지 않기도 했다.

얼마 뒤, 노예들끼리 예배를 보는 게 허락되었다. 노예들은 밤에 큰 오두막에 모여서 냇 크랙팟의 이야기를 들었다. 냇 역시 다른 노예들처럼 글을 알지 못해서 성경을 읽을 순 없었다.

하지만 마치 하느님을 개인적으로 알고 있는 것처럼 어떤 일을 했는지 아주 능숙하게 들려주었다. 그에게 '괴짜'라는 뜻의 크랙팟이라는 별명이 붙은 것도 그 때문이었다.

냇의 설교는 신도들의 계속되는 질문과 아프리카의 아름다운 가락인 영가 때문에 자꾸만 중단되었다. 노예들은 그 가락에 맞춰서 성경의 구절들을 노래했다. 티니가 제일 좋아하는 영가는 〈마침내 자유로워지리라〉였다.

어느 날 티니가 일을 하고 있을 때, 누군가 그 노래를 부르기 시작했다. 수확철이었다. 목화송이의 크기가 달걀만 하게 벌어지면서 부드러운 솜이 모습을 드러냈다.

노예들은 뜨거운 태양 아래에서 하루 14시간 이상 허리를 구부린 채 목화송이를 따야 했다. 서로를 격려하기 위해 함께 노래를 불렀다.

노랫소리를 들은 주인 한 명이 허공에다 총을 쏘며 따지듯 물었다.

"이 노래 가사가 의미하는 게 뭐냐? 지금 너희가 노래하는 자유가 뭘 뜻하는 거냐고?"

일하느라 허리를 숙이고 있던 수많은 노예들 중 고개를 든 사람은 딱 한 사람뿐이었다. 냇 크랙팟이었다.

"진정한 자유를 말하는 겁니다. 하느님이 모든 인간에게 허락하신 그 자유, 즉 죽은 뒤의 자유 말입니다."

흡족한 대답을 들은 주인은 곧장 자리를 떴다. 하지만 티니는 실망감을 감추지 못했다. 노래에서 말하는 자유가 그것과는 다른 의미라고 믿었기 때문이다. 죽은 다음이 아니라 이 세상에서 즐겁게 살아갈 자유 말이다.

마침내 자유로워지리라!

어느 날 동이 틀 무렵, 티니는 한 소녀의 목소리에 잠이 깼다. 그 소녀의 이름은 베시였다. 오두막에서 몰래 무릎을 꿇고 기도를 하고 있었다. 베시는 기쁨의 뜨거운 눈물을 흘렸다.

"뭐 하는 거야?"

티니가 베시에게 물었다.

"자유를 위해 기도하는 거야. 그러니까 에이브러햄 링컨을 위해 기도하는 중이야."

티니가 미국 대통령의 이름을 들은 건 그때가 처음이었다. 그 뒤로 많은 사람들이 희망에 부풀어 그 이름을 말했다. 모두 글을 알지 못하는 사람들이었고, 농장 밖의 외부 세계와 접촉할 가능성도 전혀 없었다. 그렇지만 남북 전쟁이 시작되자, 노예들은 상황이 어떻게 전개되는지 조금씩 알아차렸다. 어떨 때는 주인들보다 먼저 전투의 결과를 알아냈다.

이제 노예들은 링컨 대통령이 이 끔찍하게 부당한 노예제를 철폐하기로 했다는 사실을 알게 되었다. 그러나 남부는 귀중한 자원을 포기할 생각이 전혀 없었다. 남부에서는 대략 400만 명의 노예가 보수를 한 푼도 받지 못한 채 밭에서 노동을 했다. 링컨은 노예제를 폐지하기 위해 자기 나라의 절반과 전쟁을 치러야만 했다.

어느새 청년이 된 티니는 외부의 소식이 어떤 경로로 목화밭까지 전해지는지 깨달았다. 어느 날 주인의 심부름으로 역에 우편물을 보내러 가

SMYG
달걀 2알
베이컨 2조각
=14달러
자유의
여신상
안녕?

게 되었다. 여행객과 상인들은 광대한 나라의 반대 방향으로 출발하기 전, 삼삼오오 모여서 이런저런 소식을 주고받았다.

사람들의 대화를 슬쩍 엿듣기만 해도 현재 상황이 어떤지 금방 이해할 수 있었다. 4년째 전쟁을 치르고 있으며, 북부의 군대가 승리에 한 걸음 다가갔다나! 티니는 곧장 농장으로 달려가 최신 소식을 전했다.

그날 밤 농장 사람들은 하나같이 잠을 이루지 못했다. 그 뒤, 낮이고 밤이고 관계 없이 희망의 노래가 자주 들려왔다. 그 소리는 점점 더 커지고 높아졌다.

마침내 자유의 날이 찾아왔다. 말을 탄 장교가 노예와 주인들 앞에서 〈노예 해방 선언〉을 낭독했다. 이 선언서에는 미국의 전 영토에서 모든 노예들을 해방한다는 내용이 담겨 있었고, 에이브러햄 링컨의 서명이 들어 있었다.

남녀 노예들이 눈물을 흘리며 서로를 부둥켜안은 채 〈마침내 자유로워지리라〉를 합창했다. 단 한 사람, 티니만 그 합창을 함께하지 않았다. 티니는 화가 나서 식식거리며 기뻐서 어쩔 줄 모른 채 노래를 부르는 사람들 사이를 뚫고서 냇에게로 달려갔다. 냇은 미친 사람처럼 노래를 부르며 춤을 추었다.

"냇 아저씨!"

티니가 그의 팔을 움켜쥐며 소리쳤다.

"왜 우리가 이렇게 멍청한 천국의 노래를 불러야 하죠?"

"이건 천국의 노래가 아니야! 자유에 대한 노래지."

설교자가 대답했다.

"우리는 죽어야 자유를 얻는다고 주인에게 말한 사람이 바로 아저씨잖아요?"

냇이 웃음을 터트렸다.

"그건 그냥 주인에게 거짓으로 한 말이야. 그래야 믿을 테니까!"

냇이 티니에게 살짝 윙크를 하면서 대답했다.

"그러니 얘야, 이제 노래를 불러라. 너도 노래를 마음껏 불러."

그제야 티니도 함께 노래를 불렀다.

남북 전쟁의 불씨

에이브러햄 링컨은 1809년에 영국에서 일리노이주로 이주해 온 가난한 이주민의 아들로 태어났다. 집안이 가난한 탓에 별다른 정규 교육을 받지는 못했지만, 그를 사랑했던 새어머니의 후원으로 어려서부터 수많은 책을 읽으며 자랐다. 책 한 권을 빌리기 위해 수 킬로미터 떨어진 이웃 마을까지 가야 하는 열악한 환경이었다.

교육을 받지 못한 청년이 사회에서 할 수 있는 일이란 그리 많지 않았다. 그는 주로 가게 점원으로 일했으며, 한때는 선원으로 배를 타고 미시시피강을 따라 뉴올리언스까지 가기도 했다. 그는 주변 사람들로부터 서서히 인정받기 시작했고, 동네 사람들의 후원과 사랑을 얻게 되었다. 주변 사람들의 권유로 주의회 선거에 입후보했다가 보기 좋게 낙선했다.

선거가 끝난 후, 변호사 공부에 몰두하여 2년 만인 1836년에 바야흐로 변호사 시험에 합격했다. 그 후 일리노이주의 주도 스프링필드로 이사한 뒤, 1844년부터 윌리엄 H. 헌던과 함께 동업을 시작했다.

20년 후, 그는 정치적 사건을 변론하면서 치밀함과 상식, 소송의 핵심을 꿰뚫어보는 날카로운 안목으로 일리노이주에서 가장 저명한 변호사 가운데 한 사람이 되었다.

정직함과 공정성으로도 이름이 높았던 그는 1834년부터 1840년까지 일리노이주의 휘그당 의원으로 네 번 당선되었다. 그리고 1862년, 미국의 제16대 대통령으로 당당히 뽑혔다.

당시 가장 강력한 정치 세력을 형성하고 있던 계층은 남부의 대농장 지주층이었다. 노예를 부려 대농장을 경영하는 지주층은 미국의 정치계를 장악하고 막대한 권력을 행사했다. 그러나 이들에게 대항하는 신흥 세력들이 등장했으니, 바로 북부와 동부를 중심으로 형성되기 시작한 산업 자본가들이었다.

이들이 표면적으로 대립 양상을 보이게 된 가장 큰 문제는 노예 제도였다. 1619년에 아프리카 흑인들이 버지니아에 처음 수입되면서 생겨난 노예는 남부의 농장을 운영하는 데 필수 불가결한 노동력이었다. 특히 유럽의 산업 혁명 이후 갈수록 수요가 증가하는 면을 생산하기 위해서는 많은 수의 흑인 노동자가 필요했다.

여기서 한 가지 주목해야 할 것은 북부의 사람들이 모두 노예 폐지론에 찬성한 것은 아니라는 점이다. 사실은 북부에서도 노예제 폐지를 찬성하는 사람이 많지 않았다. 그렇다면 무엇이 국가를 남북으로 갈라 전쟁의 소용돌이로 이끈 것일까?

지역 간의 경제적인 이권 싸움이 보다 직접적인 원인이라고 할 수 있다. 보호 무역을 시행할 것인가 아닌가를 둘러싼 남북의 대립이 노예제의 찬반보다 더 극렬하게 둘 사이를 갈라놓았던 것이다.

산업적인 성격이 강했던 북부는 상공업 발전을 위해 보호 무역(자기 나라의 산업을 보호하고 육성하기 위해 국가가 대외 무역을 간섭하고, 수입에 여러 가지 제한을 두는 무역)이 절대적으로 필요했지만, 농업이 중심이었던 남부는 원료 생산자의 입장에서 자유 무역(국가가 외국 무역에 간섭이나 보호를 하지 않고, 개인의 자유에 맡겨서 하는 무역)이 무엇보다 절실했다.

이런 경제적인 갈등이 폭발 일보 직전에 이르렀을 때, 노예 제도를 반대하던 링컨이 대통령으로 당선되었다. 남부는 미국 연방에서의 이탈을 속속 선언했다. 이들은 따로 아메리카 연방을 구성한 뒤 데이비스를 남부 지역의 새 대통령으로 추대했다.

남북 전쟁은 찰스턴 항구의 섬터 요새에서 남부 연합의 발포로 시작되었다. 링컨의 원래 목적은 전쟁을 일으키는 것도, 평화를 유지하는 것도 아니었다. 연방을 지키기 위해서라면 평화를 유지하는 것이 바람직하지만 전쟁도 마다하지 않겠다는 생각을 가지고 있었다.

노예 제도를 폐지하다

사실 초기까지만 해도 링컨 역시 노예제의 완전한 폐지를 주장하지는 않았다. 400만 명에 이르는 흑인 노예들이 자유민이 되어 미국의 정치·사회 생활에 개입할 경우에 다양한 문제가 발생할 것이라고 생각했기 때문이다. 무엇보다도 노예 제도를 완전히 폐지할 경우, 경계주(남부 노예주 중 연방 탈퇴보다는 타협으로 기운 주)들이 남부 연합에 합류할 가능성을 크게 우려했다.

그러나 노예 제도 폐지에 관한 여론이 높아지자, 그는 1863년에 최종적으로 노예 해방령을 발표했다. 노예 해방령의 골자는 재정적 보상을 통한 점진적 해방이었다.

각 주는 노예를 소유한 주에게 보상을 한 뒤 노예를 해방시킬 수 있고, 이에 들어가는 비용은 연방 정부가 관련 주와 나누어 부담한다고 명시했다. 그리고 해방된 노예는 해외로 집단 이주시킬 계획이었다. 그러나 이 안은 경계주들은 물론 흑인들에게서도 거부를 당했다. 노예들이 해외 이주를 원하지 않았기 때문이다.

단기전으로 끝나리라고 생각했던 전쟁은 양측 모두에게 막대한 피해를 입히고서 4년이 지난 1865년에야 막을 내렸다. 승리는 링컨이 이끄는 북부가 차지했다. 바야흐로 노예 제도는 영구히 폐지되었고, 모든 정치적 권력은 남부에서 북부로 이양되었다.

비로소 링컨은 남북을 통일한 유일한 대통령으로 직무를 수행할 수 있게 되었다. 그러나 불행하게도 임기를 다 채우기도 전인 1865년 4월 14일 저녁, 워싱턴의 포드 극장에서 공연을 관람하던 중 존 윌크스 부스에게 저격당한 후 다음 날 아침에 사망했다. 링컨이 마지막 숨을 거둘 때 법률가이자 정치가인 스탠턴은 "이제 그의 이름은 역사에 영원히 남게 되었다."고 말했다고 한다.

많은 사람들은 링컨을 순교자라고 생각했다. 암살은 성 금요일에 일어났고, '암흑의 부활절'이었던 그 주 일요일에는 수백 명의 연사가 링컨의 죽음에 대해 연설했다.

그들 중 어떤 사람은 암살이 예수가 십자가에 못 박힌 날에 일어난 것이 결코 우연이 아니라는 주장을 하기도 했다. 또 어떤 사람은 "예수 그리스도가 세상을 위해 죽었듯이, 에이브러햄 링컨은 조국을 위해 죽었다."고 말하기도 했다. 따라서 링컨이 죽은 시기와 상황은 그의 명성을 더욱 드높이고 성인의 지위로까지 끌어올리는 역할을 했다.

그리하여 링컨은 인간이면서 동시에 신화가 되었다. 그의 전설은 상상력이 풍부한 문학 작품이나 민간 전승·시·연극·소설·일화 등에서 새롭게 탄생했다. 그 덕분에 그는 지금까지 약한 자를 옹호한 동시에 평범한 이웃이며 친구로 전 세계인들의 마음속에 자리하고 있다.

제국주의에 '아니요!'라고 말하기

비폭력주의의 선봉에 서다 _마하트마 간디

1893년 6월 7일

1일

기차가 한밤중에 프레토리아(남아프리카 공화국의 수도)를 향해 쏜살같이 달렸다. 차창 밖은 칠흑같이 어두워서 아무것도 보이지 않았다. 사자와 얼룩말과 울창한 숲과 드넓은 백사장이 어둠 속에서 휴식을 취하고 있었다. 기차 안도 마찬가지였다.

단 한 사람, 모한다스 카람찬드 간디만이 잠을 이루지 못했다. 그는 이상한 불안감에 사로잡혀 있었다. 시간이 흐를수록 불안감이 자꾸만 목을 조르는 듯했다.

어쩌면 겁이 나서일지도 몰랐다. 그는 기차가 자신이 가고 싶은 곳으로 데려다주지 않을 것만 같았다. 그런데 그가 가고 싶은 곳은 어디일까?

기차 안에서의 난데없는 봉변

간디는 인도에서 태어났고, 영국에서 살았다. 런던에서 변호사 생활을 하면서 인도와는 너무나 다른 유럽의 생활 방식을 접하게 되었다. 옷도 달랐고 음식도 달랐고 사고방식도 달랐다.

인도로 돌아갔을 때, 그는 자신이 결코 좋은 변호사가 되지 못하리라는 것을 깨달았다. 더 솔직히 말하면 변호사라는 직업을 끔찍하게 싫어했다. 그러던 차에 남아프리카에서 일자리를 제안받자 크게 망설이지 않고 그 일을 하기로 했다. 그때 나이 24세였다. 여러 가지 경험을 쌓으면서 세상을 알아 가고 싶었다.

그렇다면 지금은 무슨 이유로 눈을 붙이지 못하는 걸까? 그 순간, 여행객 하나가 그가 앉아 있는 객실에 얼굴을 불쑥 들이밀었다. 얼굴을 다 가릴 정도로 큰 모자를 쓰고 있었다.

그는 대뜸 간디에게 다가오더니 위아래를 쓱 훑어보았다. 객실이 캄캄해서 남자의 표정을 읽을 수는 없었지만 그가 어떤 기분인지는 대강 직감할 수 있었다. 잔뜩 화가 나 있었다. 모자를 쓴 남자는 발소리를 요란하게 내면서 객실 밖으로 나가더니, 이내 승무원을 부르러 달려갔다.

잠시 후, 승무원이 나타나 거만한 표정으로 간디에게 말했다.

"당신은 여기 앉을 수 없습니다. 여긴 일등석입니다."

간디는 깜짝 놀라서 잠시 할 말을 잃었다가, 다시 정신을 차리고서 침착하게 대답했다.

"난 일등석 표를 샀습니다!"

"그런 건 상관없소. 어서 일어나 삼등석으로 가시오!"

승무원이 목소리를 높여 다시 말했다.

모자를 쓴 여행객은 사라지고 없었다. 그러나 분노의 기운이 여전히 객실을 맴돌았다. 지금은 그 기운이 승무원을 온통 사로잡고 있었다. 간디는 그의 눈을 노려보다가 불현듯 깨달았다. 사라진 여행객과 승무원은 그의 올리브색 피부가 마음에 들지 않았던 것이다. 실제로 '백인'만이 일등석을 탈 수 있게 허락되어 있었다.

그 순간, 간디의 목소리에 분노가 실렸다.

"난 이 객실에 타려고 일등석 표를 구입했소. 그러니 여기에 앉아서 갈 권리가 당연히 있소."

간디가 단호하게 말했다.

그러자 승무원이 경찰을 불렀다. 경찰은 즉시 객실을 떠나지 않으면 그를 기차 밖으로 던져 버릴 거라며 윽박을 질렀다. 간디는 그런 위협에도 꿈쩍하지 않았다. 경찰이 기차를 세우더니, 그의 손을 잡아끌어 기차 밖으로 떠밀었다. 그의 가방은 기차에 그대로 실려 있었다.

땅바닥에 쓰러진 간디는 겨우 일어서서 플랫폼 차양 위의 표지판 글씨를 읽었다. 그리고 자신이 있는 곳이 피터마리츠버그(남아프리카 공화국 콰줄루나탈주의 주도)라는 것을 알아차렸다. 고도가 상당히 높은 도시였다. 한겨울이었기에 살을 에일 듯이 추웠다. 씁쓸하면서도 혼란스러운 마음을 간신히 추스르며, 추위를 피하려 대합실로 들어갔다.

이제 어떻게 하는 게 좋을까? 이대로 방향을 바꿔 인도를 돌아가야 할까? 아니면 아무 일 없었다는 듯, 다음 기차를 타고 가던 길을 계속 가야 할까?

오래지 않아, 이 사건에 대한 소문이 피터마리츠버그 시내에 파다하게 퍼졌다. 인도 상인들이 약속이라도 한 듯이 모두 역으로 달려와 간디를 위로하며 도움을 주었다. 몇몇 사람은 이렇게 부당한 일을 매일 당하며 살고 있다고 하소연을 늘어놓기도 했다.

단지 피부색이 다르다는 이유로

남아프리카는 소수의 백인이 지배했다. 백인들은 식민지 건설자의 후손들로, 자신들과 피부색이 다른 주민들에게 인종법을 적용했다. 인도 상인들은 추위와 비 같은 자연 현상에 순응하듯이 그런 부당한 대우를 묵묵히 받아들이고 있었다.

간디는 그들의 이야기를 들으면서 이상한 사실 하나를 발견했다. 박해를 당했다는 기분이 서서히 사라지고 있었던 것이다. 간디가 기차에서 '아니요!'라고 말한 것은 부당한 일을 요구했던 남자들에게라기보다 자기 자신에게 했던 말에 가깝다는 생각이 들었다.

마치 자신의 영혼을 덮은 검은 천 속으로 칼을 깊숙하게 찔러 넣어 갈가리 찢어 놓은 듯했다. 그렇게 찢어진 틈으로 새로운 빛이 들어왔다. 이제 그의 눈앞에 목적지가 뚜렷이 보였다.

그날 밤, 피터마리츠버그 역에서 간디는 역사 이래 그 누구도 해 본 적

없는 중요한 결정을 내렸다. 그 어두운 대합실에서 자신의 생각 속으로 긴 여행을 떠났다. 단순하고 완벽하고 올바르고 아름다운 생각이었다. 간디는 폭력을 사용하지 않고 부당함과 맞서기로 결심했다. 피 한 방울 흘리지 않고 세상과 맞서서 바꾸어 나갈 참이었다.

그는 20년이 넘게 남아프리카에 머물렀고, 인종 차별을 없애기 위한 투쟁을 벌였다. 자신의 임무를 마쳤다는 생각이 들었을 때에야 비로소 인도로 돌아왔다. 인도에서는 또 다른 전쟁이 그를 기다리고 있었다. 영국으로부터 그의 조국을 독립시키기 위한 전쟁이었다.

현재 피터마리츠버그시 중심에 간디의 청동상이 서 있다. 대리석 기념비에는 그가 기차에서 쫓겨난 1893년 6월 7일의 날짜가 새겨져 있다. 그리고 날짜 밑에는 이런 문장이 적혀 있다.

> 그날 비폭력을 실제로 행동에 옮기기 시작했다.

위대한 영혼, 비폭력으로 부당함에 맞서다

모한다스 카람찬드 간디는 인도의 정신적·정치적 지도자로, '마하트마 간디'라는 이름으로 널리 알려져 있다. '마하트마'는 위대한 영혼이라는 뜻으로, 인도의 시인인 타고르가 지어 준 이름이다. 인도의 영국 식민지 기간(1859~1948) 중 영국으로부터의 인도 독립 운동을 지도하였다.

1890년에 영국 런던 대학교 법학과를 중퇴한 후, 1916년에 영국 런던 대학교 법학과에서 명예 학사 학위를 받았다. 영국의 제국주의에 맞서 반영 인도 독립 운동과 무료 변호, 사탸그라하 운동(힌두어로 '진리의 힘'이라는 뜻. 폭력을 쓰지 않고 저항해 그들의 잘못을 바로잡겠다는 투쟁 방법) 등 무저항·비폭력 운동을 전개해 나갔다.

1891년에 변호사 자격을 취득한 뒤, 라지코트와 봄베이에서 변호사 생활을 시작했으나 법정에서 말 한마디 못하고 물러날 정도로 성격이 내성적이어서 능력을 인정받지 못했다.

그러다 1년간의 계약으로 남아프리카의 인도계 상사에서 근무했는데, 그곳에서 인도인들이 받고 있는 차별 대우를 직접 체험하면서 인종 차별 반대 투쟁 단체를 만들었다. 남아프리카 공화국인 트란스발 정부가 인도인 이민 제한을 위해 부과한 지문 등록을 거부하는 운동을 일으키다가 여러 번 투옥되었으나, 마침내 철회에 성공하였다.

제1차 세계 대전이 일어나자, 인도로 돌아가서 노동 운동과 민족 독립 운동의 지도에 전념했다. 그러나 전쟁이 끝나면 독립을 시켜 주겠다고 했던 영국이 약속을 지키지 않은 것은 물론, 오히려 1919년에 반영 운동을 하면 체포 영장 발부 등의 적법한 절차 없이 무조건 잡아갈 수 있는 롤래트 법을 제정해 버렸다.

그는 영국의 지배에 다시 반기를 들고 "빵을 구하는 데 돌을 준다."고 항의하면서 전 인도인에게 영국 상품의 불매·납세 거부·공직 사퇴 등 영국에 대해 저항할 것을 호소했다. 1919년 봄, 사탸그라하 투쟁을 선언하고 봉기가 일어났지만, 영국군의 무자비한 발포로 400명의 인도인이 학살당하는 슬픔을 겪고 말았다.

1947년 8월 15일, 드디어 인도가 영국에게서 독립을 했다. 그러나 이슬람교도는 파키스탄으로, 힌두교도는 인도로 가는 민족 분열이 벌어지고 말았다. 그 당시 종교 갈등으로 수만 명이 학살당하자, 간디는 이슬람교도와 힌두교도의 화해와 일치를 위해 일했다.

하지만 그의 이러한 모습은 극단적 보수파 힌두교 신도들에게는 이슬람교도를 편드는 것처럼 보였으며, 결국 1948년 1월 30일에 뉴델리에서 열린 저녁 기도회에 참석했다가 반이슬람 힌두교 급진주의 무장 단체인 라시트리야 세와크 상가의 나투람 고드세에게 총을 맞아 암살당했다.

그는 일생 동안 정치적인 목적을 위한 폭력을 거부했는데, 그의 비폭력주의는 나라 안뿐만 아니라 국제적으로도 큰 영향을 주었다. 1918년에 인도 국민 회의의 지도자 역할을 맡은 것을 전후로 자유를 얻기 위한 투쟁의 선봉에 서면서, 간디는 인도의 상징 중 하나가 되었다고 평가된다. 또 그때부터 '위대한 영혼'이라는 뜻의 '마하트마'로 불리게 되었다.

1999년 4월 18일, 미국의 〈뉴욕 타임스〉는 지난 1천 년 동안 최고의 혁명으로, 영국의 식민 통치에 저항한 간디의 비폭력·무저항 운동을 선정하였다. 노벨 평화상 수상 후보자에도 4번이나 올랐으나 끝내 수상하지 못했다.

동성애 혐오에 '아니요!'라고 말하기

이름조차 말할 수 없는 사랑 _오스카 와일드

1895년 4월 30일

도덕적인 책이나 부도덕한 책은 없다. 잘 쓴 책과 잘못 쓴 책이 있을 뿐이다.

-오스카 와일드, 《도리언 그레이의 초상》에서

올드 베일리(영국 런던의 중앙 형사 재판소)의 육중한 문이 열리자, 구름처럼 몰려든 런던 시민들이 건물 안으로 들어가서 방청객들을 위해 마련된 좌석에 앉았다. 그들은 당대 최고의 작가가 나타나기를 초조하게 기다렸다.

오스카 와일드로 더 널리 알려진 오스카 핑걸 오플래허티 윌스 와일드를……. 영국인들은 희한하게도 와일드가 자신들을 놀려도 그다지 신경을 쓰지 않았다. 조롱을 당해도 영국인들이 화를 내지 않는 작가는 와일드가 유일했다.

와일드가 영국인들을 위선자라고 비난할 때도 그들에게 웃음을 선사하고 생각을 하게 만들기 때문이었다. 그의 책이 판매량 순위에서 선두에 오른 지는 이미 한참 되었고, 희곡은 공연 때마다 어디서나 매진을 기록했다.

금지된 사랑에 빠진 죄

1895년 4월 30일, 와일드는 더 이상 새로운 연극을 무대에 올리지 못했다. 그는 지금 교도소에 수감될 위기에 처했다. 아니, 최악의 경우에는 강제 노역을 해야 할지도 몰랐다.

와일드가 성공의 정점에 있을 때 환호하기 위해 극장으로 몰려들었던 바로 그 사람들이 지금 그의 파멸을 지켜보려고 재판정을 가득 메웠다. 그러면 와일드가 저지른 씻을 수 없는 범죄는 과연 무엇일까? 사랑에 빠졌기 때문이다. 그게 전부라고? 실제로 그게 전부였다.

유명 작가가 법정에 나타나자 갑자기 쥐 죽은 듯이 조용해졌다. 거의 2미터에 가까운 키의 건장한 체격에 머리를 길게 기른 와일드는 꽤 당당하게 걸어 들어왔다. 그는 늘 옷차림에 세심하게 신경을 썼는데, 재킷 주머니에 초록색 카네이션이나 하얀색 백합, 노란색 해바라기 같은 꽃을 즐겨 꽂고 다녔다.

런던의 거리에서 와일드를 만나는 사람들은 누구나 그의 매력에 푹 빠졌는데, 무엇보다 그의 이야기를 귀 기울여 듣는 걸 좋아했다.

와일드 역시 자신에 대해 이렇게 말하곤 했다.

"난 사람들에게 이야기하는 걸 좋아한다. 내가 제일 좋아하는 일 가운데 하나이다. 심지어 나 자신과 오랫동안 이야기를 나눌 때도 있다."

그날 피고석으로 올라갈 때, 와일드의 파란 눈은 그 어느 때보다 강렬하게 빛났다. 그러나 그의 마음속에서 어떤 감정들이 소용돌이치는지는 아무도 알아차리지 못했다.

며칠 전, 그는 변호사 카슨을 만나 여러 가지 질문에 답을 했다. 카슨은 와일드의 삶과 그가 쓴 글, 그리고 젊은 시인 앨프리드 더글리스와의 관계를 캐물었다.

앨프리드 더글리스는 성격이 매우 포악한 퀸즈베리 후작의 아들이었다. 와일드를 고발한 사람 역시 퀸즈베리 후작이었다. 유명 작가와 자신의 아들이 서로 사랑하는 사이라는 사실을 알게 되었던 것이다. 그게 문제였다. 그러니까 와일드는 남자를 사랑했다. 그 당시 영국에서 동성애는 법적으로 무거운 범죄 행위에 해당했다.

재판이 진행되는 동안, 와일드는 두 사람의 관계가 깊은 우정 이상으로까지 발전하지 않았다고 말했다. 교도소에 수감되지 않기 위해서 자신을 침착하게 변호하기로 결심했다. 가능한 한 예의 바른 말을 사용했으며, 애써 앨프리드를 끌어들이지 않았다. 어쨌든 그날까지는 성공적이었다.

그러나 3월 30일, 검사의 심문을 받게 되었다. 찰스 질은 그에게 집요하게 질문을 던졌다. 그러고 나서 법정에서 앨프리드에 대해 쓴 시를 읽었다. 두 남자의 사랑, '이름조차 말할 수 없는' 사랑을 주제로 한 시였다.

질은 주름진 이마 위의 가발을 손으로 매만지며

한참 동안 뜸을 들였다가 이렇게 물었다.

"이 시에서 묘사한 사랑은 어떤 종류입니까?"

와일드는 이 질문의 대답에 자신의 운명이 달려 있다는 걸 직감했다. 그렇지만 사랑하는 남자를 이 재판에 끌어들이고 싶지 않았다. 그가 남자와의 사랑을 인정한다 하더라도 그 벌은 혼자서 받을 생각이었다.

그리고 그 순간, 이 법정과 런던 사람들이 자신을 이토록 비난하는 이유를 깨달았다. 지금까지 그걸 알아차리지 못하다니! 이 얼마나 어리석은지…….

그동안 자신이 영국인들을 위선자라고 얼마나 비난을 했던가! 영국인들은 자신이 다른 사람들보다 우월하지 않다는 것을 뻔히 알면서도, 마치 단점과 결함이 하나도 없는 것처럼 틈만 나면 이웃을 판단하고 처벌할 준비가 된 모범적인 시민의 역할을 훌륭하게 연기하고 있다고 비난해왔던 것이다.

이제 그 비난의 화살이 그에게로 되돌아오고 있었다. 이제까지 자신을 숨기며 살아왔다면 그 역시 위선자가 틀림없었다.

위선자의 탈을 벗어던지다

세상을 살다 보면, 충만하고 완벽하게 자신의 삶을 살아갈지, 거짓 삶에 끌려가도록 내버려 둘지를 선택해야 하는 순간들이 있다. 그날 와일드는 둘 중 한 가지를 선택했다. 숨을 깊이 들이쉰 뒤, 맑은 목소리로 그 자리에 있는 사람들을 향해 말했다.

"이 세기에서는 그 이름조차 말할 수 없는 사랑이지만, 나에게는 가장 아름답고 고귀하며 숭고한 사랑의 형태입니다."

오스카는 앨프리드를 사랑했지만, 그 사랑을 자유롭게 누릴 수가 없었다. 차마 입 밖에 꺼내지도 못했다. 그리니까 그 감정을 그저 현명하고 학식 높은 남자가 앨프리드같이 생기발랄하고 똑똑한 청년에게 주는 선물 같은 것으로 표현했다.

간단히 말해 두 사람은 사랑으로 연결되어 있으며, 그 사랑은 한 인간과 다른 인간을 연결하는 가장 고귀하고 아름다운 감정이라는 것이었다.

그는 이런 말로 자신의 말을 마쳤다.

"그렇다 해도 세상은 그 사랑을 이해하지 못합니다. 단지 그것 때문에 누군가를 함부로 조롱하거나 강하게 비난하기도 하지요."

이는 자신의 사랑을 선언하는 말인 동시에 그가 지금 터무니없게 당하고 있는 재판의 부당함에 대해 항의하는 말이었다. 그가 말을 마치자 방청석에서 우레 같은 박수가 터져 나왔다.

오스카 와일드는 1895년에 2년간의 강제 노역형을 선고받았다. 그 당시로선 최고의 형량이었지만, 판사는 동성애 범죄자(?)를 사형에 처하던 몇 년 전의 법을 적용할 수 없어서 몹시 유감스러워했다.

그 후 와일드의 연극 공연 간판이 극장에서 내려졌고, 책은 서점에서 흔적도 없이 사라졌다. 그가 쓰던 물품은 작품과 함께 경매에 붙여졌다. 심지어 앨프리드는 와일드에게 금방 흥미를 잃고 영국을 떠났다.

그는 두 손에 수갑을 찬 채 두 명의 경찰에게 이끌려 감방으로 향했다. 법원의 길고 긴 복도를 지나는 동안, 런던 사람들이 그에게 쉴 새 없이 욕설을 퍼부었다. 군중 속에 있던 한 남자만이 그런 무차별적인 공격에 반대했다.

그는 와일드와 절친한 로비 로스였다. 친구와 눈이 마주치자, 로비가 모자를 벗고 살짝 목례를 했다. 아주 간단한 동작이었지만, 야만스런 군중의 입을 잠시나마 다물게 만들었다. 존경심을 담은 동작으로, 그는 야만적인 판결과 영국인들의 위선에 '아니요!'라고 말하고 있었다.

와일드를 처벌하는 데 근거가 된 법은 1967년에야 영국에서 폐지되었다. 오늘날에도 몇몇 나라에서 동성애자를 사형으로 처벌하기도 하고, 무기 징역형을 선고해 교도소에 수감하거나 정신병자들을 위한 시설에 격리하기도 한다.

파리 페르라셰즈의 묘지에는 스핑크스 형상의 묘비가 있다. 방문객들이 입을 맞추며 남긴 루주 흔적이 고스란히 남아 있는 대리석 묘비 밑에 오스카 와일드의 유해가 묻혀 있다. 그의 친구 로비 로스의 유해도 그 곁에 함께 쉬고 있다.

불행한 천재 작가의 외로운 사랑

오스카 와일드는 1854년 10월 16일, 아일랜드의 더블린에서 태어났다. 아버지는 더블린 외과 대학에서 교수를 지낸 이비인후과의 유명한 의사였으며, 어머니는 진보적인 시인이자 켈트족 신화와 민간 전승에 조예가 깊은 권위자였다.

1871년에 더블린의 트리니티 칼리지에 입학한 뒤, 장학금과 우등상을 휩쓸었다. 3년 뒤에는 옥스퍼드 대학교의 '모들린 칼리지'에 장학생으로 입학했고, 그곳에서 보낸 4년 동안 남다른 수준의 교양을 쌓았다.

플라톤과 아리스토텔레스를 비롯해 스피노자, 괴테, 헤겔, 보들레르 등 여러 분야의 책을 읽으며 지식을 섭렵했다. 그리고 사회적·예술적 서클에 가입해 기지와 화려함으로 점차 주목을 받게 되었다.

잡지 《펀치》는 예술에 대한 남성답지 못한 집념을 지닌 유미주의자(예술을 위한 예술을 추구하는 사람들)에 대해 반감을 갖고, 와일드를 풍자의 대상으로 삼기도 했다.

1882년, 그는 더 많은 인기와 갈채를 얻기 위해 미국과 캐나다에서 강연을 하기로 했다. 뉴욕에 도착했을 때, 세관에서 "나는 내 천부적인 재능밖에는 신고할 것이 없소."라고 큰소리를 쳤다.

나른한 포즈와 벨벳 재킷, 짧은 바지, 검은 비단 양말 때문에 각종 언론에서 그에 대한 반감을 노골적으로 드러내기도 했다. 어쨌든 그는 1년 동안 미국에서 지내며, 그곳 사람들에게 미와 예술을 사랑하라고 부지런히 권했다.

1884년에 아일랜드의 유명한 변호사의 딸 콘스턴스 로이드와 결혼했고, 이듬해와 그 이듬해에 두 아들이 태어났다. 작가가 되기 위한 견습기에《행복한 왕자 외》(1888)를 발표했으며, 동화 형식의 이 작품은 낭만적인 감성으로 그의 재능을 돋보여 주었다.

그는 생애의 마지막 10년 동안 주요 작품을 모두 출판했다. 유일한 장편 소설《도리언 그레이의 초상》은 1890년에《리핀코츠 매거진》에 연재했다가 그 이듬해에 6장을 더해서 출판했다.

그는 이 소설에서 세기말 문학의 특징인 예술 지상주의를 그려내었다. 그의 분신이라고밖에 볼 수 없는 헨리 워튼 경이 소위 신향락주의를 제창한 것이었다. 그리고 이 신향락주의를 실천하는 사람은 절세의 미모를 갖춘 도리언 그레이였다.

이 소설은 출간되자마자 사회 곳곳에서 격렬한 비난을 받았다. 공리주의자는 퇴폐적 관능 생활을, 청교도는 비도덕적 생활을 맹렬히 공격했다. 점잖은 독자들은 도리언 그레이와 그의 초상화를 그린 화가 사이의 동성애 관계에 민감하게 반발했다.

그 후, 와일드는 앨프리드 더글리스를 만나 10년 동안 사랑을 나누었다. 앨프리드는 와일드가 가는 곳마다 따라다녔다. 와일드에게 돈을 물쓰듯 하게 했을 뿐 아니라 작품 활동을 할 시간을 모두 빼앗아 버렸다.

와일드는 어떻게든 돈을 벌어야 했다. 그는 손쉽게 돈을 벌기 위해서 희곡을 쓰기 시작했다. 뜻밖에도 그의 첫 극작 〈윈더미어 경 부인의 부채〉가 대성공을 거두었다. 영국의 사교계를 그린 이 풍속 희극은 위트와 유머로 가득 차 있었다.

〈윈더미어 경 부인의 부채〉로 크게 명성을 떨친 그는 단막 비극 〈살로메〉를 프랑스어로 쓰기 시작했다. 그 당시 프랑스의 유명한 여배우 사라 베르나르는 이 비극에 흥미를 느껴, 런던에서 공연할 목적으로 무대 연습에 착수했으나 곧 상연을 금지당하고 말았다. 이유는 성서에 나오는 인물을 등장시켰기 때문에 공연을 허가해 줄 수 없다는 것이었다.

이어서 와일드는 1893년에 〈하찮은 여자〉, 1995년에는 〈이상적 남편〉과 〈착실함이 중요해〉를 발표했다. 그리고 한껏 침체돼 있던 영국의 연극계에서 선풍적인 인기를 누렸다. 그의 유미주의 작품을 보고서 이마를 찌푸렸던 대중들은 희극을 보고서 여지없이 웃음을 터뜨렸다. 바야흐로 와일드의 명성의 거의 절정에 다다른 시기였다.

그런데 앨프리드와의 친밀한 교제가 그의 아버지 퀸즈베리 후작을 몹시 노하게 만들었다. 마침내 후작에게 동성애자라는 죄목으로 고소당하기에 이르렀다. 친구들이 프랑스로 도피하라고 충고했지만, 그는 자신의 예술 세계에 종말을 고할 때가 왔다는 걸 믿을 수 없다며 태연스럽게 거절했다. 결국 그는 체포되어 재판을 받게 되었다.

리딩 형무소에서 복역을 했으며, 옥중에서 앨프리드를 향해 긴 편지(1898년에 《리딩 감옥의 노래》란 제목으로 출간되었다.)를 썼다. 이 편지는 자기를 방탕의 길로 유인하고 마음을 어지럽혀 집필을 방해한 앨프리드에 대한 비난으로 가득 차 있었다. 또, 비인간적인 감옥 생활에 대해 적나라하게 묘사해 냈다.

1897년 5월, 와일드는 파산 상태로 감옥에서 석방되었다. 그는 작가로서 재기할 생각으로 즉시 프랑스로 떠났다. 재정 문제로 끊임없이 고통을 받았지만, 조지 버나드 쇼의 말처럼 '그의 억누를 수 없는 쾌활함' 덕분에 그런대로 잘 견뎌내었다.

그러다 1900년 11월 30일, 19세기가 끝나기 한 달 전에 세기말의 불행한 천재의 고단한 일생은 막을 내렸다. 사망 진단서에는 뇌막염으로 적혀 있었다.

성차별에 '아니요!'라고 말하기

여성에게 참정권을! _에멀린 팽크허스트

1918년 2월 6일

에멀린 굴든 팽크허스트는 자신이 행운을 타고난 아이라고 생각했다.

아버지 로버트는 학식이 매우 뛰어났으며, 맨체스터에서 현대적인 사상을 가진 사람으로 유명했다. 어머니 소피아 크레인은 미국에서 해방된 지 얼마 되지 않은 가난한 노예들을 교육하기 위한 자선 기금을 모집했다. 에멀린은 어린아이였을 때부터 이 자선 기금을 위해 봉투에 선물을 넣어 팔기 시작했다.

에멀린이 이제 막 글을 읽게 되었을 무렵에는 신문에 실린 사건들에 큰 관심을 보였다. 매일 밤마다 아버지에게 큰 소리로 신문 기사를 읽어 주었다. 에멀린은 무엇보다 지식에 관심이 많았다. 그래서 책에 깊이 빠져들곤 했다. 새로운 사실들을 발견하며 한창 미래에 대해 꿈을 꾸던 시기였다.

여자가 남자보다 열등하다고?

사실 19세기 말의 영국 여인들은 꿈을 꾸는 것도, 그걸 이루는 것도 거의 불가능했다. 권리도 별로 없었다. 대신에 결혼은 할 수 있었다. 자식을 낳고 집안 살림을 하면서 남편이 행복하게 살아가도록 각별히 신경을 써야 했다.

직업을 가질 수는 있었지만 보수가 남자들보다 훨씬 적었다. 작업 시간이 더 길거나 힘든 임무를 맡는다 해도 마찬가지였다. 공직을 맡을 수 없어서 판사나 국회의원, 변호사가 되는 일은 아예 불가능했다. 교사조차 되지 못했다. 그때만 해도 여자는 남자보다 열등하다고 생각되었기 때문이다. 남자보다 힘이 약하고 지능이 떨어지며 능력도 부족하다고 여겼다.

심지어 '여성이 지적으로 열등하다.'는 사실이 증명되었다고 주장하는 과학자까지 있었다. 그 실험은 이렇게 이루어졌다. 남자의 뇌와 여자의 뇌를 저울 위에 올려놓았는데, 남자의 뇌 쪽으로 저울이 조금 더 기울었다나? 그래서 남자가 더 우월하다는 것이었다.

부모가 진보적인 사상을 가지고 있긴 했어도, 에멀린은 그 당시의 학교에서 그런 논리에 따라 공부하는 것 말고 다른 길을 선택할 수 없었다. 게다가 남자 학교와 여자 학교가 분리되어 있었다. 남자 학교에서는 지식의 하늘에서 어떻게 하면 더 멀리까지 바라볼 수 있는지를 탐구한 반면, 여자 학교에서는 오로지 집안을 더 아름답게 가꾸는 법을 가르쳤다.

에멀린은 오랫동안 곰곰이 생각해 보았지만, 무슨 이유로 자신이 그렇게 제한적인 일만 하며 살아가야 하는지 이해하기가 어려웠다. 집안을 아름답게 꾸미는 일을 남자는 왜 하면 안 되는지도!

다행히 그녀의 집안 분위기는 남달랐다. 한번은 어머니가 에멀린을 여자들만의 모임에 데려간 적이 있었다. 서프러제트들의 회합이었다. 서프러제트는 여성의 참정권을 주장하며, 1897년부터 투표권을 얻기 위해 투쟁하는 여자들을 일컬었다. (좁게는 '여성 사회 정치 연합'에 소속된 여성들을 가리켰다.)

그녀들은 다 같이 똘똘 뭉치면 큰 힘이 생긴다고 말했다. 한 사람의 힘없는 목소리라도 다른 사람의 목소리와 합치면 강력한 힘을 가지게 된다는 것이었다. 그 회합이 끝났을 때, 에멀린은 이미 서프러제트가 되어 있었다.

그런데 어느 날 밤, 침대에 누워 잠을 못 이룬 채 뒤척이다가 잘 자라고 입맞춤을 하러 오는 아버지와 어머니의 발소리를 들었다. 에멀린은 아직도 자지 않고 있다고 걱정을 들을까 봐 일부러 눈을 감고 자는 척을 했다. 이윽고 아버지의 까칠한 수염이 뺨에 닿았다. 이어서 어머니의 부드러운 입술의 감촉이 느껴졌다.

방에서 나가기 전, 아버지가 에멀린을 바라보며 한마디 툭 던졌다.

"남자로 태어났으면 좋았을걸."

'아니요, 난 남자가 되고 싶지 않아요. 단지 남자들과 똑같은 권리를 갖고 싶을 뿐! 투표를 하고 싶어요. 나를 다스리는 사람을 직접 고르고 싶다고요. 법률을 만드는 사람을 내가 결정하고 싶어요. 아니, 차라리 내가 당선되어서 내 손으로 법을 만들 거예요!'

에멀린은 이런 말을 하고 싶었다. 하지만 계속 자는 척하면서 조용히 누워 있었다. 지구상에서 가장 올바르고 훌륭한 남자라 여긴 아버지 역시 여자가 남자보다 열등하다고 생각하는 걸까? 아니면 딸이 걸어가야 할 운명이 안타까운 걸까? 그것도 아니면 여자들이 겪는 부당한 처사를 당연한 것이라고 생각하는 걸까?

그날 밤, 에멀린은 큰 결심을 했다. 그녀의 목에 걸려 나오지 않았던 '아니요!'라는 말을 평생토록 분명하고 힘차게 외치리라고.

여자라는 굴레에 맞서다

에멀린은 빠르게 성장했다. 공부를 열심히 했고 유학도 다녀왔다. 그녀는 서프러제트 운동의 선두에 섰다. 결혼을 한 뒤 세 딸을 낳았다. 딸들도 서프러제트로 키웠다. 그녀는 파업과 시위를 주도했다.

하지만 여전히 중요한 결정은 남자들이 했다. 남자들은 여자들에게 권력의 고삐를 넘겨주거나 여자들과 의견을 나눌 의사가 전혀 없었다. 경찰들에게 구타를 당하고 체포되고 굴욕과 모욕을 당하면서도 절대로 항복하지 않았다. 하지만 오랫동안 그 어떤 결과도 얻지 못했다.

오래지 않아 에멀린은 체포되고 말았다. 그녀는 다른 수감자들과 함께 감옥에서 단식 시위를 하며 주장을 굽히지 않았다. 이미 그녀는 인류의 절반이 다른 절반을 향해 전쟁을 선포했다는 것을 분명히 알았다.

다시 자유의 몸이 된 뒤에는 좀 더 강력한 방법을 사용하기로 결심했다. 그녀의 지시하에 서프러제트들은 상점 진열대 유리창을 깨고 통신 장비를 파괴했다. 심지어 비어 있는 교회와 버려진 집에 폭발물을 설치해 폭파시키기까지 했다.

어느 날, 한 여성이 경마장 관람석에 앉아 있던 국왕 조지 5세의 관심을 끌기 위해 경마장 한가운데로 몸을 던지며 "여성에게 참정권을!"이라고 외쳤다. 그녀의

이름은 에밀리 데이비슨이었는데, 결국 말에 치여 사망하고 말았다.

그렇게 끔찍한 사건조차도 왕의 생각을 바꾸지 못했다. 심지어 그날 국왕은 짜증나는 사고 때문에 자신이 제일 좋아하는 오락을 제대로 즐기지 못했다고 불평을 늘어놓았다.

제1차 세계 대전이 발발하자, 에멀린은 자신의 일생에서 제일 힘들게 '아니요!'라고 말해야 했다. 바로 서프러제트들에게 '아니요!'라고 말해야만 했던 것이다. 남자들이 전쟁에 뛰어들었으니 시위를 중단할 수밖에 없었다. 그러나 그게 항복을 의미하는 건 아니었다.

그렇게 비극적인 시기에 조국에 남은 여자들은 트럭과 대중교통을 운전하고 상점을 열어야 했다. 여자 혼자서 자식들에게 부모 역할을 하며 나라를 지켜내야 했다. 전쟁에서 돌아오면 남자들이 이 모든 일을 어떻게 받아들일까? 다시 여자와 남자의 뇌를 저울질하려 들려나?

민주주의는 남성들만의 것?

빅토리아 시대, 의회 민주주의의 효시이며 꽃이라고 불린 영국 정부의 민주주의는 남성들, 그것도 돈 있는 남성들을 위한 것이었다. 초기 참정권은 일정한 금액 이상의 세금을 낼 수 있는 남성들에게만 주어졌다.

이후 영국 정부는 보수당과 자유당이 엎치락뒤치락하면서 몇 차례 법 개정을 통해 참정권을 확대해 갔지만, 그때마다 여성에게 참정권을 주자는 주장은 무시되었다. 더 이상 참지 못한 여성들은 이제 합법적인 방법으로는 아무것도 이루어 낼 수 없다고 생각했다. 영국 정부의 합법이란 것은 여성이 가진 시민으로서의 권리를 박탈하는 것이었기 때문이다.

팽크허스트는 열네 살 때 영국 여성 운동의 선구자인 리디아 베커의 강연을 듣고 법적으로 남성의 소유물로 종속된 19세기 여성들의 출구 없는 삶에 회의를 품고 여성 해방 운동에 관심을 가지게 되었다.

그 후 상당히 급진적인 생각을 가진 변호사 리처드 팽크허스트와 결혼하면서 여성 참정권 운동에 눈을 떴다. 리처드는 여성의 종속과 법적인 불평등에 대해 일찍이 문제를 제기하였던 존 스튜어트 밀의 친구로, 그 또한 여성 참정권 운동의 적극적인 지지자였다.

이러한 권리 의식은 딸들에게도 고스란히 전해졌다. 세 딸 크리스타벨, 실비아와 아델라는 어머니 에멀린을 도와 여성 참정권 운동에 적극 참여하였다. 그들은 감옥을 밥 먹듯이 들락거렸으며, 어머니 에멀린 팽크허스트는 1908년에 처음 감옥에 수감된 후, 1913년 한 해에만 무려 열두 차례의 단식 투쟁을 통해 영국 정부의 부당함을 폭로하였다.

그러나 영국 정부는 여성 참정권론자들의 의견을 입법에 수용하지 않았다. 남성 정치인들은 여성이 참정권을 가지면 결혼 제도와 가족 제도가 위태로워지며, 남성들의 권위를 위협할 것이라고 두려워했다. 그 바람에 여성 운동가들에 대한 탄압만 점점 강해졌다.

1918년에 제1차 세계 대전이 끝나고 나서야, 영국 정부는 국민 대표

법을 통해 여성들의 정치 참여를 허용하였다. 그러나 이것은 30세 이상의 여성에게만 주어진 불완전한 선거권이었다. 전쟁을 치르는 동안 남성들이 많이 사망하였기에, 참정권을 똑같이 부여할 경우 여성에 비해 수가 적은 남성이 정치적으로 불리해진다는 것이 이유였다.

그로부터 10년 후인 1928년에 이르러서야, 국민 대표법은 남녀 동일하게 21세부터 선거권을 가지도록 개정되었다.

에멀린 팽크허스트는 자신의 평생에 걸친 운동이 이루어 낸 개정법이 시행되기 한 달 전에 숨을 거두었다. 그녀의 민주 평등 운동은 세상으로부터 인정받아 웨스트민스터의 영국 의사당 옆에 동상이 세워졌다.

세계적으로 여성의 참정권은 1893년에 뉴질랜드에서 최초로 인정되었고, 그 뒤를 이어 1920년에 미국, 1928년에 영국, 1944년에 프랑스, 1947년에 이탈리아에서 인정되었다. 그리고 스위스는 1971년에, 사우디아라비아는 2105년에야 비로소 여성이 참정권을 가졌다. 우리나라에서 여성의 참정권이 인정된 것은 1948년이었다. 올바른 여성 참정권의 역사는 아직 채 100년을 넘지 못한 셈이다.

검열에 '아니요!'라고 말하기

꿈꿀 자유조차 박탈한 세상 _나짐 히크메트

1929-1950년

무슨 수를 쓰더라도 거기서 빠져나와야만 했다. 최대한 빨리! 그런데 어떻게? 그는 돌벽으로 에워싸인 감옥에 갇혀 있었다. 쇠창살이 달린 창문에는 유리가 없었다. 겨울이 되면 감옥 안으로 눈이 들이칠 터였다. 틀림없었다. 그는 이 감옥을 아주 잘 알았다.

나짐 히크메트는 1929년에 불법 정치 선전물을 붙인 혐의로 체포되었다. 1931년에는 혁명 활동을 했다는 죄목으로 재판정에 섰다. 그때는 스스로를 훌륭하게 변론한 덕분에 무사히 석방이 되었다.

그의 변론은 적들까지도 그가 터키에서 가장 위대한 시인이라는 사실을 인정하지 않을 수 없게 만들었다.

생각할 자유를 금지당하다

나짐 히크메트는 그리스의 살로니카에서 태어났다. 그 당시에는 시인들이 교도소에 갇히는 일이 종종 있었다. 새 대통령, 그러니까 자신을 '아무와도 비교할 수 없는 영웅이자 불멸의 지도자'라 여기는 케말 아타튀르크의 심기를 조금만 거슬러도 누구든 붙잡혀 갔으니까.

히크메트는 농민을 비롯해 가난한 계층에 관심이 전혀 없는 그 대통령을 별로 좋아하지 않았다. 그래서 자신의 시에 그 사실을 분명하게 밝혔다. 아타튀르크는 작가들의 작품을 일일이 검열했다. 자신의 마음에 들지 않으면 무조건 삭제했다. 다시 말해, 작품을 아예 빼 버리거나 출판 자체를 금지했다.

이제 그 누구도 자신의 생각을 자유롭게 표현하지 못했다. 시인들의 경우에 특히 더 그랬다. 이 때문에 히크메트는 감옥에 자주 갇히곤 했다. 1932년에는 체제를 모욕했다는 이유로 5년의 징역형을 선고받았는데, 이번에는 그의 뛰어난 연설 능력도 전혀 도움이 되지 않았다.

게다가 상황이 무시무시할 정도로 나빠졌다. 바야흐로 아타튀르크가 세상을 떠났는데, 그의 후계자가 작가들에게 훨씬 더 가혹하게 굴었기 때문이다.

얼마 뒤, 히크메트는 시 한 편 때문에 28년 4개월의 형을 선고받았다. 고발 이유는 그 시가 '혁명을 일으키도록 해병들을 부추긴다'는 것이었다. 사실 그 무렵에 학생과 농부, 군인들이 그의 시를 즐겨 암송하기는 했다.

그의 시어들은 더 정의롭고 자유로운 나라를 만들기 위해 투쟁할 힘을 그들에게 불어넣어 주었다. 그렇다고 시가 지배자들을 두려움에 떨게 할 정도로 강력한 힘을 가질 수 있는 걸까? 히크메트는 정말로 그렇게 믿었다. 그래서 '유용한' 시를 쓰고 싶어 했다. 안타깝게도 그의 시들은 그를 감옥으로 보내는 데 먼저 유용하게 쓰였다.

머릿속으로 시를 쓰다

1938년이었다. 그는 1966년 이전에는 감옥에서 나오지 못할 터였다. 그의 나이 34세였으니, 노인이 되어서야 일상의 삶으로 돌아오게 되는 셈이었다. 무슨 수를 써서라도 어떻게든 빠져나가야 했다.

몇 년 전에 미국에서 존 딜린저라는 은행 강도가 나무 조각을 권총 모양으로 깎은 다음, 구두약을 발라 진짜 권총처럼 위장해 탈출에 성공했다는 이야기를 들은 기억이 났다. 어쩌면 간수들이 그들을 겨눈 가짜 총보다 그 잔인한 시선에 놀라서 탈옥하게 내버려 두었을지도…….

히크메트는 키가 아주 큰 데다 숱이 많은 은발에 피부가 하얬다. 그런 그의 얼굴을 보고서 겁을 먹을 사람은 아무도 없을 게 분명했다. 가짜 권총보다는 앞으로 그를 기다리고 있는 길고 긴 감옥 생활을 어떻게 견뎌야 할지에 대한 조언이 훨씬 더 필요한지도 몰랐다.

잘 생각해 보면 시의 주제로는 아주 훌륭했다. 지금 그와 똑같은 고통을 겪고 있는 사람들이 아주 많을 테니까. 그가 지금 할 일은 바로 시를 쓰는 것이었다.

"메흐메트! 알리! 무스타파!"

그가 갑자기 여러 이름을 크게 소리쳐 불렀다.

"하칸! 하산! 이브라힘."

드디어 간수 한 명이 감방의 감시 구멍에 나타났다.

"왜 부른 거요? 내 이름이 하칸인 건 어찌 알았고."

"지금 당신이 말해서 하칸인 줄 알았소."

히크메트가 웃으면서 대답했다.

"난 그냥 제일 흔한 이름을 생각나는 대로 부른 거요. 그러다 보면 간수들 중 누군가의 이름과 맞아떨어질 거라고 생각했지."

"영리하군."

간수가 알아들었다는 듯 고개를 끄덕였다.

"그래, 원하는 게 뭔지 말해 보시오."

"연필하고 종이를 좀 주시오. 시를 써야 하오."

간수가 곧장 웃음을 터트렸다.

"시는커녕 꿈도 꾸지 말아야 할 텐데!"

그러고는 어딘가로 휙 가 버렸다.

히크메트는 자신에게 무슨 일이 벌어지고 있는지 금방 알아챘다. 그가 쓴 시들이 검열을 당한 것뿐만 아니라 앞으로 새로운 시를 쓰는 일도 금지되었던 것이다. 크나큰 절망감이 엄습했다.

비록 종이와 연필을 마음대로 사용하지는 못했지만 기발한 계획을 세워서 계속 시를 써 나갔다. 머릿속으로 시구를 다듬는 방법을 연습했다. 많은 훈련

이 필요한 일이었지만, 시간이 지나면서 마침내 머릿속으로 시를 쓸 수 있게 되었다. 더없이 투명하고 강하고 유용한 시구들이었다.

그리고 여기에서 그치지 않았다. 몇 달 뒤 계획의 마지막 단계를 완성시켜 줄 사람과의 면회를 부탁했다. 자신의 작품이 감옥 밖으로 나가 세상 속으로 퍼지게 도와줄 사람이 필요했던 것이다.

그는 자신과 뜻을 같이해 줄 이상적인 사람을 알고 있었다. 교양 있는 화가 아이쉐 젤릴레였다. 지금은 나이를 꽤 먹었지만, 그녀는 한때 터키에서 가장 아름다운 여인으로 알려져 있었다.

바로 히크메트의 어머니였다. 어머니는 그 누구도 두려워하지 않았다. 비록 나이가 많아 병이 들긴 했지만, '나짐 히크메트를 석방하라!'라고 적힌 팻말을 들고 이스탄불 거리 곳곳을 쉼 없이 돌아다녔다.

아이쉐는 아들이 면회실에서 속삭인 시 구절을 암기했다. 교도소에서 나올 때 하칸, 하산, 혹은 이브라힘 들이 그녀에게서 압수할 건 전혀 없었다. 히크메트의 시는 교도소 밖으로 날아가 세상으로 널리 퍼지기 시작했다. 맑고 강인한 그의 정신을 검열할 방법은 더 이상 어디에도 없었다.

그의 시 가운데 한 편은 곧 정치범들의 찬가가 되었다. 〈감옥에서 여러 해를 보내야 하는 사람을 위한 몇 가지 조언〉이라는 제목의 시였다.

세상과 조국과 민중을 향한

희망을 포기하지 않아
교수형에 처하지 않았고
감옥 바닥에 내동댕이쳐졌다면
두 발을 꽉 디디고 굳게 살아가라.
분명 기분 좋은 일이 아니겠으나
또 하루를 더 살아내며 적을 괴롭히는 게
당신의 엄숙한 임무이다.
쉼 없이 읽고 써라,
당신의 왼쪽 가슴에 있는 보석이
그 빛을 잃지 않게 만들어 줄 테니.

1949년, 히크메트는 여전히 그 돌벽으로 에워싸인 감옥에 수감되어 있었다. 그사이에 11년의 세월이 흘렀다.

이번에는 단식을 하기로 결심했다. 부당한 구속에 대한 평화적이면서도 극단적인 항의였다. 그의 육신이 하루가 다르게 쇠약해져 가는 사이, 전 세계에 퍼진 시인의 명성은 점점 더 커졌다.

상황이 다급해지자 유럽의 몇몇 작가들이 그의 석방을 요구하는 위원회를 결성했다. 전 세계 문화계의 유명 인사들이 보낸 항의 서한이 날마다 터키 정부에 도착했다. 그 편지들 가운데는 파블로 피카소가 서명한 것도 끼어 있었다.

마침내 1950년 7월, 나짐 히크메트는 12년간의 수감 생활을 마치고 석방이 되었다. 그의 인생에서 총 17년을 감옥에서 보낸 셈이었다. 그를 감옥에 갇히게 만들었던 시는 이제 그에게 새 삶과 자유를 선사했다.

히크메트가 옳았다. 시는 인간에게 아주 유용했다. 그리고 왼쪽 가슴에 있는 그 보석에게 꼭 필요한 것이었다.

파시즘에 '아니요!'라고 말하기

불멸의 지휘자, 파시스트에 맞서다 _아르투로 토스카니니

1931년 5월 14일

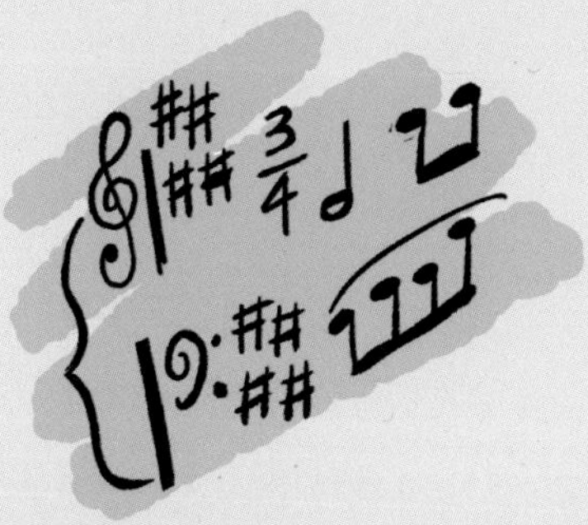

"말만 들어도 끔찍하오. 그런 이야기는 내 앞에서 두 번 다시 꺼내지 마시오!"

아르투로 토스카니니가 소리를 버럭 질렀다. 자신의 목소리가 방 밖뿐만 아니라 볼로냐 브룬 호텔 전체로 울려 퍼지리라는 사실을 모르지 않았다.

"부탁입니다, 지휘자님! 이성적으로 생각해 보세요."

그런데도 작가인 주세페 립파리니는 자신의 뜻을 굽히지 않은 채 부드러운 목소리로 다시금 간곡히 말했다.

파시스트를 위해 연주를 하라고?

1931년 5월 14일이었다. 립파리니는 볼로냐 시립 극장에서, 몇 년 전에 사망한 작곡가이자 오케스트라 지휘자인 주세페 마르투치를 기념하는 연주회를 열 계획이었다. 연주회의 지휘를 맡기기 위해 전 세계에서 가장 위대한 작곡가이자 최고의 권위자로 손꼽히는 아르투로 토스카니니를 어렵사리 초대했다.

토스카니니는 지금 64세였다. 이마 위로 하얗게 센 머리카락이 듬성듬성 흘러내렸고, 두 눈은 바늘로 찌르는 듯이 날카로웠다. 그는 천재적인 재능을 타고난 데다 불굴의 힘과 권위를 지니고 있었다. 그가 오케스트라를 지휘할 때면 사람들은 '강력하고 무정하게 몰아닥치는 운명' 같다고들 말하곤 했다.

토스카니니는 자신의 능력에 걸맞게 큰 성공을 거두었다. 전 세계가 그의 크고 작은 행동을 빠짐없이 주시하고 있었다. 음악적인 행동뿐만이 아니었다.

사실 그는 베니토 무솔리니가 이탈리아에 세운 독재 정권을 경멸한 나머지, 기회가 있을 때마다 비난을 퍼부었다. 그런데 지금 연주회를 기획한 립파리니는 고인이 된 마르투치의 작품 외에 계획에 없던 곡의 연주를 부탁하는 중이었다.

"제발 부탁드립니다. 극장은 이미 볼로냐 사람들로 꽉 찼습니다."

기획자가 간절한 목소리로 애원을 했다.

"모두 최고의 연회복을 입고 왔어요. 오로지 선생님 연주를 들으러 온 겁니다."

"볼로냐 사람들 말고 또 누가 있소? 그리고 그 사람들이 원하는 건 뭐요? 사실대로 말해요."

토스카니니가 그의 눈을 똑바로 바라보며 다그쳤다.

립파리니는 고개를 푹 숙였다. 그날 밤 코스탄초 치아노 장관과 유명한 운동 감독인 레안드로 아르피나티가 연주회를 관람할 예정이었다. 두 사람 모두 파시스트였다. 그들 외에도 몇 명의 파시스트가 더 참석하기로 했다. 이 사실만으로도 토스카니니로서는 충분히 화가 날 만한 상황

이었다. 그런데 최악은 이게 아니었다.

“저기요, 선생님! 그들의 요구는 간단합니다. 예정된 곡들을 연주하기 전에 〈왕의 행진〉을 지휘하고, 그다음에 파시스트 찬가 〈조비네차〉를 지휘해 주길 바라고 있습니다.”

그 말을 듣고 토스카니니가 어찌나 크게 호통을 쳤던지, 그때까지 옆방의 응접실에서 기다리고 있던 그의 아내가 깜짝 놀라서 황급히 방 안으로 뛰어 들어왔다.

“음, 이렇게 하면 어떨까요?”

립파리니가 이마에 맺힌 땀을 손수건으로 닦으면서 어렵사리 제안을 했다.

“제1바이올린 주자에게 〈조비네차〉를 먼저 지휘하게 하는 겁니다. 그리고 몇 분이 지난 뒤에 선생님께서 등장하시는 거지요. 이 방법은 어떻게 생각하십니까?”

“그렇게는 못 하오.”

립파니니는 목덜미를 손수건으로 다시 닦으면서 말했다.

“이건 어떻습니까? 악단이 〈왕의 행진〉을 연주하고서 곧장 퇴장하는 겁니다. 그러면 그 사람들이 선생님 눈에 띄지 않을 겁니다. 제발 그렇게라도 해 주십시오!”

“다시 말하지만 그렇게는 못 하오!”

“대체 왜 못 한다는 겁니까?”

이번에는 립파리니가 화가 나서 따지듯이 물었다.

"그런 음악이 분위기를 망치기 때문이오."

지휘자는 얼음물처럼 냉랭하게 대답했다. 그러고 잠시 말을 멈추었다가 이렇게 덧붙였다.

"난 그런 광대놀이를 도울 생각이 없소!"

그사이 고위층 인사들은 극장에서 그리 멀지 않은 식당에서 먹음직스런 토르텔리니(만두 모양의 파스타) 접시를 앞에 두고 앉아 있었다. 시작 시각에 맞춰서 연주회에 가려고 식사를 서두르는 사람은 아무도 없었다.

하지만 립파리니가 그 사실을 알 리가 없었다. 이 가여운 기획자에게 남은 방법이라고는 카를라 토스카니니에게 이해를 구하며 매달리는 것뿐이었다. 파시스트의 요구 사항이 제대로 지켜지지 않으면 저녁 공연이 비극으로 끝날지도 모르기 때문이었다.

결국 카를라가 식당으로 가서 예의 바르지만 단호한 어조로 장관과 수행원들에게 남편의 입장을 설명했다. 그들은 카를라에게 크게 신경 쓰지 말라고 하고는, 파스타를 마저 먹고서 붉은 포도주까지 곁들였다. 언뜻 전부 다 해결되는 듯이 보였다.

세상에서 가장 강력한 따귀

토스카니니는 호텔 방에서 나와 자동차를 탔다. 운전수인 에밀리오가 극장으로 차를 몰았다. 극장으로 가는 길에서 철도청 악단을 우연히 보았다. 그 사람들은 한껏 우울한 얼굴로 광장을 떠나고 있었다.

자동차가 시립 극장 앞에 도착하는 순간, 토스카니니는 그를 기다리고 있는 한 무리의 남자들을 발견했다. 그들은 한눈에 봐도 몹시 흥분해 있었다. 눈빛이 잔인하게 번득였다. 모두 파시스트 제복인 검은 셔츠를 입고 있었다. 자신들의 요구를 거절했다는 소식을 들은 파시스트들이 지휘자에게 본때를 보여 주기로 작정했던 것이다. 모든 일은 눈 깜짝할 사이에 벌어졌다.

토스카니니는 짐짓 태연한 얼굴로 자동차에서 내린 뒤 연주자 전용 출입구 쪽으로 가려고 했다. 그때 고함 소리와 함께 욕설이 들려오는가 싶더니, 누군가 그의 왼쪽 뺨을 냅다 휘갈겼다.

지휘자는 힘없이 땅바닥에 픽 쓰러지고 말았다. 에밀리오가 자동차 밖으로 달려 나와 토스카니니를 일으킨 뒤 얼른 차에 태웠다. 그러고는 공격자들을 향해 온몸으로 돌진했다. 몇 번인가 있는 힘껏 주먹을 날린 뒤, 그 비겁한 군중들에게서 가까스로 도망을 쳤다.

그 뒤 토스카니니는 여건이 갖춰지자마자 이탈리아를 떠났다. 그리고 파시즘 정권이 몰락하지 않는 한, 다시는 조국으로 돌아오지 않겠다고 선언했다. 당대 최고의 작곡가 중 한 사람이 파시스트에게 뺨을 받았다는 소식은 곧장 전 세계로 퍼져 나갔다.

토스카니니는 그 사건이 불러일으킬 파장을 어느 정도 예견했다. 그가 선택한 망명이기는 했지만, 그 사건은 파시즘이 예술과 아름다움과 자유를 어떻게 취급하는지를 전 세계에 명백하게 보여 주었다. 그는 자신이 맞은 따귀의 대가를 그렇게 파시스트에게 되돌려 주었다. 그의 따귀는 '강력하고 무정하게 몰아닥치는 운명'처럼 강력했다.

그러면 마르투치를 기리는 음악회는 어떻게 되었을까? 그로부터 60년 뒤, 이 작곡가에게 경의를 표하는 연주회가 열렸다. 1991년 5월 14일, 리카르도 샤이가 볼로냐 시립 극장에서 마르투치의 곡들을 지휘했다.

이탈리아가 낳은 20세기 최고의 마에스트로

아르투로 토스카니니는 1867년 3월 25일에 이탈리아 파르마에서 태어났다. 재단사였던 아버지가 오페라 의상을 제작하는 걸 보고 오페라에 관심을 갖게 되었다. 그리고 베르디의 오페라 〈가면 무도회〉 공연을 보고서 음악가의 꿈을 키웠다.

어려서부터 탁월한 암기력을 보여 준 토스카니니는 파르마 음악원의 장학생으로 선발되어 기숙사 생활을 했다. 음악원에서 첼로와 피아노 작곡을 공부한 후, 리우데자네이루의 오페라 극장 오케스트라에 들어가 첼리스트이자 합창 감독의 조수로 활동했다.

그가 지휘자로 주목을 받은 결정적인 사건은 1886년에 오페라단이 브라질 순회 여행을 떠났을 때 일어났다. 6월 30일, 현지에서 섭외한 지휘자가 청중의 혹평을 견디지 못하고 무대에 서지 않겠다는 통보를 해 왔고, 대신 무대에 오른 부지휘자마저 청중의 야유 때문에 무대에서 내려와 버렸다.

결국 공연을 취소해야 하는 위기의 상황에서 악보를 모두 외우고 있던 토스카니니가 지휘를 맡아 연주를 하기 시작했다. 이 극적인 데뷔 무대 이후 순회 공연 일정 내내 토스카니니가 오케스트라를 이끌면서 〈아이다〉를 비롯해 12편의 오페라를 모두 외워서 연주했다.

브라질 순회 연주를 마치고 돌아온 후, 토스카니니는 고국 이탈리아에서 정식으로 데뷔 연주를 열었다. 1892년 〈팔리아치〉에 이어 1896년 〈라 보엠〉, 1989년에는 서른한 살의 나이에 밀라노 라 스칼라의 예술 감독으로 발탁되었다.

오페라의 메카인 라 스칼라에 입성한 후, 토스카니니는 당시의 관습을 타파하는 개혁을 추구했다. 극의 흐름을 방해한다는 이유로 오페라 중간에 나오는 성악가의 앙코르를 금지하고, 오케스트라 단원을 상대로 시즌마다 엄격한 오디션을 실시했다.

무솔리니가 집권하는 파시즘 시대를 살았던 토스카니니는 파시즘에 강한 적대감을 품고 있었다. 그는 공연 전에 파시스트의 찬가인 〈조비네차〉를 연주하라는 명령을 거부했을 뿐 아니라, 라 스칼라에 무솔리니의 사진도 걸지 않았다. 이러한 행동으로 1931년에 파시스트 당원들에게 테러를 당했고, 이후 미국으로의 망명을 결심했다.

미국에 정착한 후, 1937년에 NBC 오케스트라의 상임 지휘자로 취임했으며, 70세의 나이에도 신생 악단을 맡아 지칠 줄 모르는 체력과 열정, 특유의 추진력을 바탕으로 17년간 오케스트라를 이끌며 정상급 악단으로 성장시켰다.

일흔이 넘을 때까지 녹슬지 않은 암기력을 과시하며 열정적인 삶을 살았던 그는 1957년 1월 16일에 미국에서 생을 마감했다. 그다음 달에 그의 시신은 고국 이탈리아로 옮겨졌고, 밀라노 시민들의 애도 속에 기념 묘지에 묻혔다.

전쟁 범죄자에 '아니요!'라고 말하기

정의 구현을 꿈꾸는 나치 사냥꾼 _지몬 비젠탈

1945-2005년

1945년 5월 5일, 미군이 마우트하우젠 강제 수용소의 포로들을 석방했다. 바야흐로 제2차 세계 대전이 끝났으며, 다행히도 지몬 비젠탈은 무사히 살아 있었다. 비젠탈은 단지 유대인이라는 이유로 수용소로 끌려갔다. 그곳에서 온갖 고문과 박해를 당했지만, 어쨌든 지금 이렇게 살아남았다!

그는 수용소의 철책문을 넘어서 길을 떠났다. 아내 칠라와 친지들과 친구들을 어서 만나 보고 싶었다. 행복한 가정을 꾸린 후, 다시 건축가로 일하고 싶기도 했다.

나치 정권에 희생된 사람들의 대변인이 되다

철책 문 너머에서 그를 기다리고 있는 세상은 황량하기 짝이 없었다. 물론 파괴된 건물과 잔해들만 있는 것은 아니었다! 끊임없이 되살아나는 자연이 있었고, 허기를 달랠 빵이 있었으며, 비록 안락한 침대는 없지만 편안하게 잠을 잘 수 있었다.

도시는 무자비하게 파괴되었어도, 그 폐허 속에서 허리를 숙인 채 뭔가를 찾고 조각을 맞추는 사람들이 있었다. 아무튼 철책 문 밖에는 그가 돌아가서 살고 싶은 세상이 있었다.

그는 곧 그 세상에 두 종류의 사람들이 없다는 사실을 알아차렸다. 수용소에 함께 있던 동료들과 그들을 박해하던 자들이었다. 둘 다 깨끗이 사라져 버렸다!

진실을 밝히는 데는 그리 오래 걸리지 않았다. 나치들은 600만 명이 넘는 유대인과 집시, 폴란드인, 그리고 그들이 열등하다고 생각한 사람들을 수백만 명 이상 학살했다.

독일이 패망하고 제2차 세계 대전이 끝나자, 나치들 대부분이 서류를 위조해서 다른 대륙으로 달아나 버렸다. 그들은 그런 식으로 자신들의 흔적을 지우려 했고, 시간이 흐르면서 자신들의 범죄가 까맣게 잊혀져 처벌받지 않기를 바랐다.

80여 명이 넘던 비젠탈의 친지들 중 살아남은 사람은 아무도 없었다. 전쟁은 끝났지만 그만 홀로 살아남았다.

'혼자 살아남은 게 무슨 의미가 있단 말인가?'

그는 스스로에게 질문을 던졌다. 끔찍하지만 꼭 필요한 질문이었다. 그는 이 문제에 대해 아주 오랫동안 생각을 했다. 그럴 때마다 대답은 항상 똑같았다.

'난 희생된 수백만 명의 대변인이 되고 싶어. 그들의 기억이 사라지지 않고 생생하게 살아 있도록 만들 거야. 언젠가 사람들이 역사를 되돌아보면서 '나치가 수백만 명을 죽였는데도 처벌을 받지 않고 넘어갔지.'라고 말하게 놔두지 않을 테야.'

그날 이후 그는 각종 서류를 낱낱이 조사했고, 증인들을 일일이 인터뷰했으며, 나치 범죄자들에 대한 증거를 빠짐없이 수집했다. 실제로 나치들에게 안전한 은신처를 제공해 줄 만큼 세상은 넓지 않았다.

비젠탈은 그들을 찾아내서 한 명씩 재판에 넘겼다.

'무엇보다 정의를 다시 세워야 해.'

그런데 여기서 비젠탈이 잘못 알고 있는 사실이 한 가지 있었다. 그는 세상에 자기 혼자만 살아남았다고 믿었다. 사실은 그의 아내 칠라가 전쟁에서 무사히 살아남았다. 그는 그 소식을 듣자마자 한걸음에 달려가서 아내를 부둥켜안았다. 아내가 죽었다고 착각하다니……. 세상에서 이보다 더 행복한 착각은 없으리라!

이제 정말로 모든 준비가 끝났다. 그는 사무실을 열고서 사진과 편지와 증언을 수집하고 분석했다. 그런 자료들을 통해 범죄자들의 도주로를 차근차근 재구성해 나갔다. 그리고 그들을 한 명씩 한 명씩 찾아냈다.

반들반들한 대머리에 당나귀처럼 길쭉한 귀, 잘 다듬은 콧수염을 지닌 그 남자는 이제 나치들에게는 악몽 그 자체였다. 수백만 명의 무고한 사람들을 죽인 잔혹한 범죄자들은 비젠탈에게 발각될까 봐 공포에 사로잡혀 덜덜 떨기 시작했다.

비젠탈에게 곧 '나치 사냥꾼'이라는 별명이 붙었다. 그러나 그는 이 별명을 좋아하지 않았다. 비밀 요원이나 모험가가 아니라 고집 센 현실의

남자일 뿐이었으니까.

그는 복수를 하려는 게 아니라 정의를 구현하려 애썼다. 그리고 자신의 직관과 지성을 이용해서 그 일을 실행에 옮겼다. 여러 국가의 비밀정보부와 협력했고, 세계 구석구석까지 연결이 되는 치밀한 정보망을 만들었다.

나짐은 강인한 지성과 비범한 인내심 이외에 또 다른 자원, 그러니까 시간을 최대한 이용할 줄 알았다. 목표를 세우고 그 목표에 자신의 모든 것을 걸자 시간이 온전히 그의 편이 되었다.

신체는 활기를 불어넣은 정신만큼이나 강인했다. 모욕을 당하거나 심각하게 공격을 당해도 대수롭지 않게 여겼다. 정의로운 사람은 강인해질 수밖에 없었다. 그래서 어떤 장해물도 걸림돌이 되지 않았고, 어떤 목표라도 이루지 못할 게 없었다.

난 여러분을 잊지 않았습니다

그는 60년 동안 활동하면서 1100명이 넘는 나치 전범들을 찾아내서 재판에 넘겼다. 집을 짓지는 않았지만 전 세계가 똑바로 설 수 있는 토대를 탄탄히 세웠다.

한번은 마우트하우젠 강제 수용소의 생존자 한 사람이 그에게 이렇게 물었다.

"전쟁이 끝났는데도 선생은 왜 건축 일을 다시 하지 않습니까? 난 보석상에 불과하지만 집을 건축하는 일은 몇 배나 멋진 일이잖아요!"

비젠탈은 검은색 두 눈을 반짝이며 이렇게 대답했다.

"우리가 저세상에 갔을 때 수용소에서 죽은 수백만 명의 유대인들이 우리에게 이승에서 무슨 일을 했냐고 물으면, 선생은 이렇게 대답하겠지요. '보석상이었습니다.' 또 누군가는 '나는 집을 건축했습니다.'라고요. 나는 이렇게 대답할 수 있습니다. '난 여러분을 잊지 않았습니다.'"

핵무기 개발에 '아니요!'라고 말하기

인류만 기억하고 나머지는 잊으라!

_알베르트 아인슈타인

1955년 7월 9일

프린스턴의 거리에 인적이 끊어졌다. 어둠과 침묵이 도시와 고등 연구소 복도에 내려앉았다. 불빛이 비치는 창문은 딱 하나였다. 알베르트 아인슈타인은 아직도 자신의 연구실을 떠나지 않았다. 그는 의자에서 다리를 흔들다가 멈추었다. 그리고 다시 편지 내용을 훑어보았다.

66세의 아인슈타인은 전 세계에서 당대의 가장 뛰어난 지성으로 인정을 받았다. 그는 시간과 공간의 개념에 혁명을 일으킨 과학자였다.

그래서 그가 어떤 문제에 대해 입장을 표명하면 역사의 흐름에 큰 영향을 주었다. 그날 밤 그는 여러 해 만에 오랫동안 해결하지 못한 문제를 다시 떠올리는 중이었다.

유대인이라는 이유로 박해를 받다

나뭇가지가 이따금씩 연구소의 넓은 유리창을 두드렸다. 아인슈타인은 1933년, 그러니까 독일을 떠나온 뒤부터 이 연구소에서 학생들을 가르쳤다. 아돌프 히틀러가 인종법을 공포하자마자, 유대인인 아인슈타인은 미국으로 이주하는 길 이외에 다른 방법을 찾을 수가 없었다.

독일과 미국 사이에 바다가 놓여 있었지만, 나치들은 계속해서 아인슈타인을 박해했다. 무시무시한 베를린 분서(1933년 5월 10일에 나치 정권이 독일의 도서관에서 유대인 학자들의 책을 불태운 사건) 때 그의 책들을 모두 불태웠고, 다른 책에 실린 귀중한 발명의 기록마저 깡그리 지워 버렸다. 뿐만 아니라 유럽에 남아 있던 그의 친척들을 학살하는 것으로 아주 잔인한 보복을 했다.

1939년에 아인슈타인은 나치 독일의 과학자들이 원자 폭탄을 만들고 있다는 사실을 알게 되었다. 대화와 평화에 대한 그의 신념이 흔들렸다. 결국 평생토록 후회하게 될 행동을 하고 말았다. 다른 과학자들과 함께 미국 대통령인 프랭클린 루스벨트에게 편지를 보냈던 것이다. 이 위험한

상황을 알리고 미국에서 원자 폭탄을 가능한 한 빨리 만들어야 한다고 재촉하는 편지였다.

어쩌면 미국 과학자들이 이미 그 전부터 원자 폭탄을 만들고 있었을지도 몰랐다. 사실 아인슈타인은 루스벨트 대통령이 결정을 내리는 데 자신의 편지가 얼마나 큰 영향을 미칠지 알지 못했다. 또, 그 편지로 루스벨트 대통령이 좀 더 신속히 결정을 내릴지 말지도 미지수였다.

1945년 8월 6일, 미국 공군이 일본의 히로시마에 원자 폭탄을 투하했다. 사흘 뒤에는 나가사키에 똑같은 일을 반복했다.

전쟁을 없애는 일이 가능할까?

그때로부터 10년의 세월이 흘렀다. 얼마나 으스스한 밤인지! 좋지 않은 기억들은 또 왜 이리 자꾸 떠오르는지! 그는 찰스 디킨스의 〈크리스마스 캐럴〉에 등장하는 세 명의 유령을 생각했다.

아인슈타인의 유령은 늘 한밤중을 골라서 연구소에 나타나곤 했다. 그러나 그 유령은 셋이 아니라 혼자 찾아왔다. 그 유령 자체가 과거와 현재와 미래를 압축해서 보여 주었다. 불멸의 유령은 그에게 의문을 제기했다. 전쟁을 없애는 일이 가능할까?

그가 손에 쥐고 있는 편지 역시 바로 그 의문을 담고 있었다. 그에게 편지를 보낸 사람은 영국의 철학자이자 수학자인 버트란트 러셀이었다. 아인슈타인처럼 러셀도 노벨상을 수상했고, 그도 해결되지 않은 오래된 문제를 껴안고 고민에 빠졌다. 세계를 파멸시킬 수도 있었을 두 차례의 세계 대전을 겪었지만, 인류는 전쟁만이 여전히 분쟁을 해결할 유용한 도구라는 생각을 버리지 않았다.

뿐만 아니라 핵전쟁이라는 새로운 악몽이, 지금까지보다 훨씬 더 끔찍한 악몽이 수면 위로 떠올라 윤곽을 드러냈다. 1954년 3월에 미국은 태평양에 있는 섬, 비키니 환초에서 수소 폭탄을 실험했다. 히로시마에 투하했던 폭탄보다 천 배나 강력한 핵폭탄이었다.

마침내 지식인들이 목소리를 낼 때가 되었다. 러셀은 세계의 저명한 학자들에게 편지를 썼다. 그 편지는 핵무기로 싸우게 될 전쟁이 가져올 위험, 즉 인류의 전멸을 불러올 자료를 분석한 것이었다. 그러한 성명서에 알베르트 아인슈타인의 서명이 들어간다면, 세상 사람들이 절대로 무시하지 못할 게 분명했다.

아인슈타인은 숱 많은 흰 머리칼을 한 손으로 쓸어 넘겼다. 갑자기 피로감이 몰려왔다. 또다시 자신이 서명해야 할 편지가 코앞에 놓여 있었다. 전 세계 사람들 앞에서 또 다른 책임을 져야 할 편지가……. 그런데 이 편지가 예상치 못한 결과를 가져온다면? 사람들이 잘못 이해한다면? 이미 너무 늦은 것이라면?

그는 편지를 상의 주머니에 넣었다. 그리고 의자에서 일어났다. 마지막으로 연구실을 둘러보았다. 불을 끄고 어둠 속에 잠시 그대로 서 있었다.

깜깜한 어둠 속에서도 아인슈타인은 그 방 안에 어떤 물건이 어느 장소에 있는지 느낌으로 다 알았다. 머릿속으로 그 방에서 보낸 세월과 논리적 추론, 계산, 프로젝트, 발명, 깨달음, 실수들을 떠올려 보았다. 그 연구실에서 그의 말과 생각과 농담과 매섭고 준엄한 성명들이 전 세계 구석구석으로 전달되었다.

가만히 생각해 보면 그의 인생은 꽤 멋졌다. 쓸모 있는 삶이었다는 생각이 들 때마다 은근히 기분이 좋았다. 그는 다른 누군가를 위해 사는 게 아니라면 삶의 가치가 없다고 믿었다. 인간의 정신이 가진 가능성을 무한하게 신뢰했다.

4월 밤의 신선한 공기를 즐기며 느린 걸음으로 집 쪽으로 걸어갔다. 주머니 속의 편지를 손으로 만지작거렸다. 심장이 콩닥콩닥 뛰는 게 느껴졌다. 내일은 결정을 내려야 하리라. 그날 밤은 그 유령의 소리에 귀를 기울이지 않을 참이었다.

연구소 건물 정면의 시곗바늘이 제 갈 길을 가도록, 바람이 거리의 나뭇잎들을 쓸어가 버리도록, 나뭇가지에 앉은 부엉이들이 마음껏 울도록 내버려 둘 생각이었다. 내일은 세상을 향한 자신의 책임을 다하리라. 아직 시간이 있었다. 이 문제에서는 그가 전문가였다.

천재 과학자의 마지막 서명

1955년 4월 18일, 러셀은 비행기를 타고 로마에서 파리로 가는 중이었다. 갑작스러운 안내 방송 때문에 비행기 승객들은 불길한 소식을 듣게 되리라는 직감에 휩싸였다. 방금 알베르트 아인슈타인이 사망했다는 소식이 전해졌다. 기내에 깊은 침묵이 흘렀다.

그날은 전 인류가 아인슈타인의 죽음을 애도했지만, 특히 영국인 철학자는 그 슬픔이 한층 더했다. 너무나 중요한 그의 호소에 가장 귀중한 서명이 담기지 못하게 되었으니까. 아인슈타인의 서명이 없으면 사람들이 그 성명서에 별 관심을 보이지 않을 게 틀림없었다.

하지만 그날 밤 파리의 호텔에 도착한 러셀은 편지 한 통을 전달받았다. 알베르트 아인슈타인이 보낸 답장이었다. 놀랍게도 핵무기 폐기 선언서 밑에 아인슈타인의 서명이 들어 있었다.

1955년 7월 9일, 선언서는 런던에서 공식적으로 발표되었고, 곧 전 세계로 널리 알려졌다. 선언서의 끝부분에 눈에 띄는 문장이 적혀 있었다. 비록 아인슈타인이 쓴 문장은 아니었지만, 분명 그도 아주 좋아했을 만한 말이었다.

전 세계의 여성과 남성들, 그리고 아인슈타인이 보호하고자 했던 '사람'들 사이의 차별과 편 가르기를 중단하자는 호소였다. 바로 이 문장이었다.

당신들의 인류만 기억하고 나머지는 다 잊으십시오.

인종 차별에 '아니요!'라고 말하기

원하는 자리에 앉을 권리 _로사 파크스

1955년 12월 1일

차창이 뿌얘서 밖이 잘 보이지 않았다. 사실 볼 것도 별로 없었다. 버스가 어둠 속을 천천히 달려갔다. 몽고메리(미국 남동부에 있는 앨라배마주의 주도) 거리는 마른 강바닥처럼 텅 비었다.

신호등 불빛은 마치 키클로페스(호메로스가 쓴 《오디세우스》에 나오는 외눈박이 거인 부족)의 눈 같았다. 이따금 보이는 간판들이 바람에 흔들리고, 그 안의 불빛이 끊임없이 깜빡였다.

버스가 한밤의 어둠 속으로 미끄러져 들어가면서 차창은 거울이 되어 그것을 바라보는 사람의 모습을 그대로 비추었다. 사실 차창에 비친 여자는 나였다. 그러니까 내가 나를 바라보는 중이었다.

하얀색 꽃을 머리에 꽂은 여자

1955년 12월 1일이다. 나는 마흔두 살이다. 입술이 가장 먼저 눈에 뜨인다. 입술을 꾹 다물고 있기 때문이다. 그다음에는 주의를 집중하고 있는 눈이 보인다. 영롱하게 반짝이며 생기와 활력이 넘친다.

마치 집중을 하려면 두 눈만으로는 부족하기라도 하다는 듯 온 신경을 모은다. 그리고 내 머리는 항상 아름답다. 이마 바로 위쪽에 꽂은 작은 꽃이 머리를 한층 아름답게 만들어 준다.

이 꽃은 하얀색이지만 내 머리카락과 내 눈, 그리고 내 피부는 검다. 나와 차창 속 여인이 잠시 서로를 가만히 바라본다. 우리는 많이 지쳐 있다. 일을 마치고 돌아가는 길이니까. 집으로 돌아가는 길인데, 마치 이 귀갓길에 멈춰 서 있는 것 같다.

아니, 버스가 오래 달리면 달릴수록 목적지에서 멀어지는 기분이다. 이러다 집에 영영 못 가는 건 아닐까. 나와 나를 바라보는 이 여인이 서로에게 묻는다. 잠시 후, 우리는 서로에게 관심을 잃은 채 눈을 딴 데로 돌린다.

나는 다른 승객들의 머리를 물끄러미 바라본다. 소리 없이 졸고 있는 그들의 머리가 끄덕끄덕 끊임없이 흔들린다. 버스가 정류장에 멈춰 서면 그들 중 몇몇은 잠에서 깨어나 주위를 두리번거린다. 다른 사람들은 계속 잠을 잔다.

어쩌면 그들의 몸은 이 길에 적응이 되어서 자신들이 내릴 정류장에 도착하면 습관적으로 잠에서 깨어나는 건지도 모른다. 아니, 어쩌면 이 사람들은 어느 곳으로도 갈 생각이 없이, 그저 여기서 잠을 자려고 버스를 탔는지도 모른다.

버스는 이제 만원이다. 새로 탄 승객은 앉을 자리가 없다. 얼굴을 다 가릴 정도로 큰 모자를 쓴 남자다. 그가 내게로 다가와서 빤히 바라본다. 필요 이상으로 아주 오래도록……. 그러다 운전석 쪽으로 뚜벅뚜벅 걸어간다.

나는 곧 버스가 출발할 것이라고 생각한다. 하지만 승객이 운전기사와 이야기를 나누고 있다. 운전기사가 자리에서 일어나 통로를 따라 걸어온다. 그가 내 앞에서 걸음을 뚝 멈추고는 일어나라는 시늉을 한다. 그러니까 나더러 새로 탄 승객에게 자리를 양보하라는 것이다.

사실 처음 일어나는 일이 아니다. 모자를 쓴 남자는 백인이고, 나는 유색 인종이다. 유색 인종이 앉을 좌석은 버스 맨 뒤쪽에 있다. 우리는 유명 대학에서 공부할 수 없고, 최신 클럽에서 춤을 즐기지도 못한다. 식당에서 식사를 하지 못하고, 일정한 수 이상은 좋은 직업을 갖지 못한다.

우리 임금은 점점 더 낮아지고 있고, 날마다 누군가가 우리에게 선거권을 주지 않을 방법을 고안해 낸다.

운전기사가 내게 일어나라고 말한다. 몇몇 사람들이 잠에서 깨어난다. 다른 사람들은 여전히 자고 있다. 아니, 자는 척한다. 그들은 이 일에 관여하고 싶어 하지 않는다.

운전기사가 내게 다시 일어나라고 말한다. 빨리 일어나라고 재촉한다. 승객은 모자를 벗지 않는다. 자신이 앉을 자리를 요구한다. 나는 그가 곧 운전기사를 시켜 경찰을 부르리라는 걸 안다. 내 행동은 그들의 눈에 '부적절'하니까.

운전기사가 내게 또다시 일어나라고 말한다. 마침내 모자를 쓴 승객이 운전기사에게 경찰을 부르라고 한다. 모자를 쓰지 않은 승객이 내가 곧 체포될 거라고 중얼거린다. 다른 사람들은 여전히 자고 있다. 나는 다음 정류장이면 내린다. 목적지에 거의 다 왔지만 버스는 꼼짝도 하지 않는다.

운전기사가 내게 또 일어나라고 말한다. 모자를 쓴 승객도 내게 일어나라고 소리친다. 이제 다른 승객들까지 내게 일어나라고 무언의 압력을 가한다. 그들은 그저 집으로 빨리 돌아가고 싶을 뿐이다.

대중교통에서 차별받지 않을 권리

나는 언제부터 우리가 이렇게 느리게 움직였는지 자문해 본다. 우리가 어둠 속을 달린 지가 얼마나 오래되었는지도. 시간이 멈춰진 게 언제부터인지, 이 이야기에 왜 진전이 없는지, 어떤 이유로 버스가 달리지 않는지 말이다.

내가 왜 일어나야만 하는지에 대해서 곰곰 생각해 본다. 어쩌면 부당함과 싸우기 위한 가장 정당한 방법은 아직 존재하지 않는지도 모른다.

그러나 지금 내가 끝까지 일어나지 않으면, 어느 날 누군가는 내가 일어나지 않은 이유가 피곤해서만은 아닐 거라고 말하겠지. 하지만 사실이 아니다. 아니, 어쩌면 사실일지도 모른다. 나는 그들의 고압적인 행동에 그만 굴복해 버리고 싶을 만큼 피곤하다. 이제 모두들 내게 일어나라고 당당히 외친다. 나는 "아니요!"라고 당당히 소리친다.

결국 사람들이 경찰을 부른다. 오래지 않아 경찰 두 명이 도착한다. 앨라배마 경찰들이 유능하다는 걸 승객들은 너무나 잘 안다. 승객들이 내게 일어나지 않으면 체포할 거라고 말한다.

나는 차창 거울을 물끄러미 바라본다. 거기서 웃고 있는 여인이 바로 나다. 입꼬리가 살짝 올라가 있다. 내 눈이 그렇게 반짝인 게 얼마 만인지! 지금 하는 일이 옳다는 것을 알기 때문에 두려움이 없는 미소다.

나는 다시 한 번 더 "아니요!"라고 말한다. 그러자 예상치 못하던 마법이 일어난다. 시간이 다시 흐르기 시작한다. 빠르게, 오, 아주 빠르게! 이제 허비할 시간이 단 한 순간도 없다.

경찰들이 나를 구치소로 데려가 사진을 찍는다. 수인번호 7053. 나는 하얀색 꽃을 머리에 다시 잘 꽂으며 미소를 함빡 짓는다. 나는 곧 석방이 된다. 누군가 보석금을 낸 것이다.

1만 장의 유인물이 인쇄되어 배포된다. 내가 겪은 일에 대한 유인물이다. 이제 내게 일어난 일을 모르는 사람이 없다.

4만 명이 광장으로 쏟아져 나왔다. 흑인들은 381일 동안 버스를 타지 않았다. 그 어떤 폭력도, 불법 행위도 없었다. 거의 1년이 넘게 흑인 승객들은 걸어 다녔다. 그 바람에 버스 회사는 파산을 앞두게 되었다.

1956년 11월 13일, 미국 연방 대법원은 승객은 누구나 그 어떤 차별 없이 똑같은 권리를 갖는다는 판결을 내렸다. 바야흐로 대중교통에서의 '인종 차별'이 철폐된 것이다.

나는 다른 꽃을 머리에 꽂는다. 그리고 무엇이든 두려울 이유가 전혀 없는 사람처럼 환하게 미소를 짓는다.

흑인 차별에 '아니요!'라고 말하기

나에게는 꿈이 있습니다 _마틴 루터 킹

1963년 8월 28일

에이브러햄 링컨이 〈노예 해방 선언〉에 서명한 뒤로 100년의 세월이 흘렀다. 한 세기 동안 많은 변화가 있었지만, 아직도 변해야 할 게 셀 수 없이 많았다.

마틴 루터 킹은 링컨 대통령의 거대한 동상을 한참 동안 바라보았다. 동상은 두 팔을 팔걸이에 올린 채 하얀 의자에 앉아 진지한 눈으로 먼 곳을 응시했다.

그 대리석은 마틴 루터 킹의 고향인 조지아주에서 워싱턴까지 건너왔다. 그는 몇 년 전에 침례교 목사가 되고 나서 얼마 지나지 않아, 몽고메리의 덱스터 애버뉴의 교회를 담당하게 되었을 때를 떠올렸다.

바로 그 도시에서 로사 파크스가 버스에서 백인 남성에게 자리를 양보하지 않았다는 이유로 경찰에 체포되었다. 킹은 저항 운동의 선두에 섰다. 그 대중 교통수단 이용 거부에도 동참했다. 382일이 지난 뒤, 버스에서 백인 남성 옆에 앉고도 경찰에 체포를 당하지 않은 최초의 승객이 바로 그였다.

마틴 루터 킹 목사의 이야기는 그렇게 시작되었다. 1956년으로부터 7년밖에 지나지 않았지만, 경험이 없고 우유부단하던 젊은 목사와 지금의 그를 보면 자그마치 100년의 세월쯤이 흐른 듯했다.

7년 동안 저항 운동 때문에 수차례 체포되었고 폭행을 당했으며 암살 위협을 받았다. 그리고 노벨 평화상을 수상했다. 이제 그는 두말할 필요 없이 흑인 인권 운동의 지도자였다.

흑인 인권 운동의 지도자

1963년이었다. 이제 정말 때가 무르익어 근본적인 변화가 눈앞으로 다가와 있는 듯했다. 그는 대리석 의자에 앉아 있는 링컨의 동상을 바라보며 곰곰 생각에 잠겼다.

'저 대리석을 조지아에서 채굴하고 잘라서 옮겨 온 사람이 과연 누굴까! 조지아에서는 지금도 인종 차별이 완전히 사라지지 않았을 텐데…….'

잠시 후, 킹은 넓은 거리에서 하얀 기념관으로 이어지는 긴 계단 맨 위쪽에 모습을 드러냈다. 20만 명의 인파가(어떤 사람은 30만 명이라고도 했다.) 그를 기다리고 있었다. 그는 마치 그 사람들을 다 아는 듯했다. 그들은 다 같이 팔짱을 끼고 노래를 부르며 자유와 일자리를 요구하는 행진을 했다.

그리고 지금 그곳에, 거대한 연못을 따라, 그리고 연못 너머 그의 눈길이 닿는 곳까지 사람들이 빈틈없이 빼곡히 모여 있었다. 멀리서 백악관의 지붕이 보였다. 앨라배마에서 시작된 그 여행이 이 많은 사람들을 이렇게 먼 곳까지 데려왔다. 물론 그들은 이 행진을 앞으로도 중단할 생각이 전혀 없었다.

링컨 기념관 계단 맨 위에 그가 모습을 드러내자, 군중들은 열렬히 환호했다. 그 옆에는 아내 코레타가 서 있었다. 조금 떨어진 곳에 서 있는 친구 마할리아 잭슨도 보였다. 그녀는 개신교 목사의 딸이자 용기 있는 활동가였는데, 어디에서도 들어 본 적 없을 만큼 감미로운 목소리를 가지고 있었다.

마할리아는 아버지의 교회에 드나드는 신도들처럼 찬송가를 부르며 기도하는 법을 배웠다. 예배를 드리는 동안 신도들이 노래와 춤을 추는 바람에 설교가 중단되면서 예배 시간이 즐거운 파티로 변하는 일이 종종 벌어졌다. 킹은 두려움이나 의심에 사로잡혀 의기소침해질 때면 그녀에게 전화를 걸어서 이렇게 말하곤 했다.

"하느님의 목소리를 들려줘요."

그러면 마할리아는 그를 위해 아름다운 목소리로 복음 성가를 불러 주었다.

진정한 자유를 꿈꾸며

마틴 루터 킹이 가볍게 목례를 한 뒤, 군중들을 찬찬히 둘러보았다. 자유와 일자리를 요구하는, 미국 역사상 가장 큰 시위였다. 이날을 위해 킹은 오랫동안 감동적인 연설문을 준비했다.

그가 마이크 앞으로 다가가서 연설문을 읽기 시작했다.

"100년 전 위대한 미국인이 〈노예 해방 선언〉에 서명을 했습니다. 그 중요한 선언은 길고 어두운 노예의 밤을 끝내기 위해 찾아온 눈부신 새벽 같았습니다. 그러나 100년이 흐른 지금, 흑인들은 여전히 자유롭지 못합니다!"

군중들이 박수를 쳤다. 킹은 단호하게 항의의 연설을 이어 갔다. 그런데 갑자기 어디선가 누군가가 큰 소리로 말했다. 교회의 예배 시간에 듣던 바로 그 목소리였다.

“꿈을 말해 줘요!”

마할리아의 목소리였다. 킹에게 그 목소리는 하느님의 목소리나 다름 없었다.

“꿈을 말해 줘요!”

마할리아가 다시 말했다.

마틴 루터 킹은 준비해 온 연설문을 밀어 두고, 수십만 명의 사람들을 거기까지 이끌어 온 꿈에 대해 말하기 시작했다.

"나에게는 꿈이 있습니다."

그는 고무된 눈빛으로 말을 이었다.

"어느 날엔가 조지아의 붉은 언덕에서 한때 노예였던 사람들의 자식과 그 노예의 주인이었던 사람들의 자식이 식탁에 함께 둘러앉아 형제애를 나누게 되는 꿈입니다."

그 말을 듣자 광장에 모인 사람들이 한목소리로 대답했다.

"좋습니다!"

그것은 대답이었고 음악이었다. 모두의 꿈이었다. 킹의 등 뒤에 있는 거대한 링컨의 석상도 만족스레 고개를 끄덕이는 듯했다.

"나의 어린 자식들이 누군가에게 피부색으로 평가받는 게 아니라 품성으로 판단받는 나라에서 사는 꿈입니다. 오늘 나는 내 눈앞에 있는 이 꿈을 보고 있습니다!"

그의 목소리는 점점 더 활력이 넘쳤다. 군중들 사이로 감동이 물결처럼 번져 나갔다. 킹은 노래를 부르는 듯이 말했다.

"나는 우리가 함께 일하고 함께 기도하고 함께 투쟁하고 함께 감옥에 가고 함께 자유를 지켜 낼 수 있다는 것을 알고 있습니다. 언젠가 우리가 자유로워지리라는 것을 알기 때문입니다. 그날은 하느님의 자식들이 모두 함께 노래를 부르게 될 겁니다!"

그는 하늘을 향해 손바닥을 활짝 펴고 군중들을 향해 두 팔을 뻗었다. 갑자기 그가 주먹을 힘껏 쥐었다. 마치 자신의 이야기를 듣는 그 많은 사람들의 심장을 꽉 움켜쥐기라도 하듯이.

"흑인과 백인이, 유대인과 이교도가, 가톨릭교도와 개신교도들이 손을 잡고 흑인 영가를 부를 날을 말입니다. '마침내 자유로워졌나이다, 마침내 자유로워졌나이다. 전지전능하신 하느님, 감사합니다. 저희는 마침내 자유로워졌나이다.'라고!"

마침내 그가 연설을 마쳤다. 그의 말을 듣고 있던 군중들은 정말로 꿈에서 깨어나는 듯한 착각에 빠졌다. 아주 잠시였지만 그 꿈이 현실로 바뀐 듯한 기분이었다.

마틴 루터 킹은 그 연설을 통해, 지금 사는 이 세상이 가장 아름다운 곳이라는 걸 널리 알렸다. 정말로 그렇게 만드는 일은 우리 모두의 몫이리라.

성폭력에 '아니요!'라고 말하기

나는 그 누구의 소유물이 아닙니다 _프랑카 비올라

1965년 12월 26일

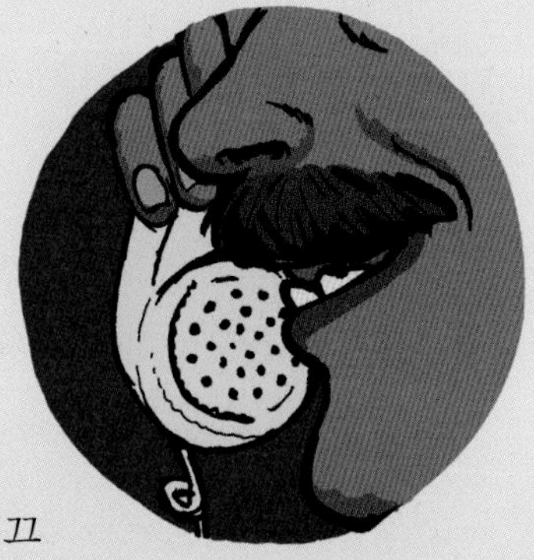

시간을 가지고 관찰하는 법을 배워야 하는 곳이 있다. 울창한 밀림에 에워싸인 이국적인 장소도 아니고, 변덕스러운 파도를 가로질러야 하는 드넓은 바다도 아니다. 겨우겨우 기어 올라갔다가 다시금 쭉 미끄러지고 마는 원추형 화산도 아니다. 이 모든 것을 다 합친 곳이다.

바로 우리 몸이다. 우리 몸은 세상을 살아가게 해 주고, 또 그 세상을 바꾸게 하는 도구이다.

우리가 누구인지 단박에 말해 준다. 우리의 꿈을, 우리의 욕망을 들려준다. 그리고 그것들을 실현할 수 있게 해 준다.

시간을 가지고 몸의 이야기를 듣고 그것을 시험하는 법을 배워야 한다. 우리는 운동으로 몸을 단단하게 만들기도 하고, 녹초가 될 정도로 춤을 추기도 하고, 뜨거운 태양 아래에서 선탠을 하기도 한다. 몸은 우리에게 속해 있으므로 어떻게 사용하는 게 옳은지 결정할 수 있는 사람은 바로 우리 자신이다.

명예를 위해 원치 않은 결혼을?

프랑카가 납치되었을 때, 그녀는 그런 여행을 막 시작했다. 얼마 전부터 심장이 뛰고 얼굴이 빨개지고 다리에 힘이 없어지는 이유를 해석하는 법을 배웠다. 모두 사랑의 신호들이었다. 비록 아직은 막연하지만, 그녀가 서서히 꿈꾸기 시작한 사랑에 대한 바람일지도 몰랐다.

열일곱 살이 되자 그녀의 몸은 빠르게 변해 갔다. 시칠리아섬의 작은 마을인 알카모에서는 모두들 그녀의 아름다움에 찬사를 보냈다. 검은 머리칼을 길게 기른 프랑카의 눈매는 그윽했고 미소는 눈부셨다.

크리스마스 다음 날, 13명의 남자가 그녀를 납치하기 위해 들이닥쳤다. 현관문을 부수고 남동생까지 끌고 갔다. 남동생은 이틀 뒤에 풀려났지만, 프랑카는 필립포 멜로디아의 손에 엿새나 더 붙잡혀 있었다. 그러니까 이

번 계획을 세운 사람은 바로 그 지역 마피아의 아들인 필립포였다.

필립포는 프랑카가 물건이라도 되듯, 갖고 싶으나 살 수 없는 희귀한 다이아몬드라도 되듯 그녀를 훔치기로 작정했다. 그녀를 납치하고서 집에 가둔 뒤 성폭행을 했다. 필립포는 그런 식으로 프랑카와 그녀의 부모님을 굴복시켜 자기 뜻에 따르게 할 수 있다고 확신했다.

그는 프랑카와 결혼하고 싶었다. 사실 그 남자에게 결혼은 값비싼 다이아몬드의 주인이 누구인지를 결정하는 계약에 불과했다.

프랑카의 감정과 의지는 눈곱만큼도 생각하지 않은 잔인한 계획이었다. 그렇지만 그 당시 이탈리아의 법은 필립포의 편을 들었다. 어떤 남자가 여자를 성폭행했을 때 처벌을 피할 수 있다고 형법 544조에 엄연히 규정되어 있었다.

성폭행한 여자와 결혼만 하면 되었다. 그 당시의 법은 한 여자가 결혼 그 자체 말고는 아무것도 원하는 게 없는 것처럼 주장하고 있었다. 남편이 어떤 사람이든 관계 없이, 여자 스스로 선택을 했든 말든, 강제로 결혼을 할 수밖에 없는 상황에 놓였건 아니건, 법은 조금도 중요하게 생각하지 않았다.

그 당시에는 여자가 그 무엇보다 '명예'를 지켜야 한다고 믿는 사람들이 대부분이었다. 비록 성폭력을 당했다 해도 고발을 하고 처벌을 요구해서는 안 되었다. 그 사실을 철저히 비밀로 간직해야 할 뿐 아니라, 아무 일도 없는 척하면서 '보상 결혼'을 받아들여야 했다.

그때까지 프랑카에게 일어난 일들의 경우, 모두 이러한 순서를 따랐다. 여자들은 그런 보상(?)을 어쩔 수 없이 받아들여야만 했다. 법이 자신들에게 불공평한 이익을 보장해 준다는 사실을 아는 남자들은 그 법을 매우 폭력적으로 악용했다.

엿새가 지나자, 필립포는 프랑카의 아버지 베르나르도 비올라에게 전화를 걸었다. 그리고 그의 딸과 결혼하겠다고 말했다. 만일 프랑카가 받아들이지 않으면 사람들의 비난에 휩싸이게 될 터였다. 그녀가 납치되었다는 사실과 남자와 잤다는 사실을 사람들이 다 알고 있으니까.

이렇게 '불명예스러운' 여자가 된 프랑카에게 그가 보상 결혼을 제안한 것이었다. 베르나르도는 일단 그 제안을 받아들이는 척했다. 하지만 딸이 어디에 감금되어 있는지를 듣자마자 곧장 경찰서로 달려가 신고를 했다. 프랑카는 이내 풀려났고 납치범들은 금방 체포되었다.

내 몸의 주인은 나!

이제 결정은 온전히 프랑카에게 달려 있었다. 그녀는 크게 상처를 입었지만 불의에 굴복하지 않았다. 자신의 주인은 자신이라는 사실을 분명하게 알고 있었기 때문이다. 그래서 아무것도 두렵지가 않았다.

"프랑카."

베르나르도가 딸의 이름을 다정하게 불렀다.

"네가 그 범죄자와 결혼하지 않으면 사람들이 마구 비난할 거다. 너에게 모욕을 주면서 괴롭힐 거야. 그 사람들이 말하는 '명예'를 잃었다는 구실을 내세워서……. 그렇다고 그놈과 결혼한다면 넌 평생 괴물과 살아가야 해. 어떻게 하고 싶니?"

"결혼하고 싶지 않아요."

프랑카는 조금도 망설이지 않고 대답했다.

"명예라는 것은 어떤 일을 당한 사람이 아니라 그 일을 한 사람이 잃는 거잖아요."

"알았다. 네가 작은 용기를 냈으니 나는 너보다 백배 더 큰 용기를 내도록 하마."

아버지가 대답했다.

프랑카의 아버지는 딸에게 앞으로 불가피하게 전투를 치러야 하겠지만 결코 혼자가 아니라고 알려 주었다. 베르나르도는 딸을 진심으로 사랑했다. 그리고 누군가를 사랑한다는 건, 그 사람의 생각을 존중하고 선택의 자유를 주는 것임을 잘 알았다. 그리고 그 자유를 지켜 주기 위해 싸워야 한다는 것도.

프랑카는 납치자와 공범을 고발했다. 그녀는 재판 과정에서 각종 언론은 물론 시칠리아 사람들로부터 무차별적인 공격을 받았다.

"대체 왜 법정에 가서 개인 문제를 이러쿵저러쿵하는 거지?"

"그냥 '보상 결혼' 제안을 받아들이면 되는 거 아닌가?"

프랑카는 그런 터무니없는 비난으로부터 자신을 강하게 변호했다.

"나는 그 누구의 소유물도 아닙니다. 그 누구도 내가 존경하지 않는 사람을 사랑하라고 강요할 수 없습니다!"

그녀는 사람들 앞에서 자신의 뜻을 분명하게 밝혔다.

필립포 멜로디아는 다른 납치범들과 함께 처벌을 받았다. 프랑카와 그 가족은 필립포의 친척들로부터 무시무시한 협박을 당했다. 그들은 프랑카가 절대 결혼하지 못할 거라고 악담을 퍼부었다. 마치 프랑카가 자신들의 소유물이라도 되는 듯이. 하지만 프랑카는 그들 앞에서 절대로 고개를 숙이지 않았다.

1968년 12월 4일, 프랑카는 주세페와 결혼을 했다. 주세페는 프랑카의 심장을 뛰게 하고 얼굴이 빨개지게 만드는 남자였다. 지금 프랑카는 자신을 방어할 줄 알았던 그 신비한 곳으로 여행을 시작할 준비가 되어 있었다. 아직도 더 알아야 하고 더 귀 기울여야 하고 더 사랑해야 하며, 오로지 자신에게만 속한 아름다운 그곳으로.

프랑카의 용기 있는 행동 덕분에 많은 여성들이 보상 결혼에 저항할 수 있게 되었다. 여성들에 대한 폭력을 대놓고 용인하던 형법 제544조는 1981년에야 폐지되었다.

인종 분리 정책에 '아니요!'라고 말하기

진정한 자유를 위해 투쟁하다 _넬슨 만델라

1985년 2월 10일

그날 밤 넬슨 만델라는 감옥의 문이 열리는 꿈을 꾸었다. 몇 발짝만 움직여서 문지방을 넘어서기만 하면 온전히 자유로워질 수 있었다. 그렇지만 꿈속에서 밖으로 나가기 전에 그만 실수를 저지르고 말았다. 하필이면 뒤를 돌아보았던 것이다.

그가 살아오면서 알고 지냈던 사람들이 전부 갑자기 그 좁은 공간에 나타났다. 감옥은 곧 남아프리카 공화국이 되어 버렸다.

심지어 딸 진지스와까지 거기에 와 있었다. 어린 딸의 눈이 한없이 고통스러워 보였다. 그래서 다시 감옥으로 되돌아가 진지스와를 꼭 안아 주었다.

그때 문이 등 뒤에서 쾅 닫혀 버렸다. 넬슨 만델라는 바로 그 순간에 잠에서 깼다.

뜯지 않은 편지봉투

꿈 때문인지 마음이 어수선했다. 불과 몇 평방미터밖에 되지 않는 좁은 공간에 초라한 물건 몇 개가 늘 있던 자리에 그대로 놓여 있었다. 낮은 책상과 의자, 그리고 케이프타운 근교의 폴스무어 교도소 안뜰로 난 쇠창살 달린 창문.

수인번호 220/82의 넬슨 만델라는 종신형을 선고받아 복역 중이었다. 감옥 생활은 이제 22년째였다.

종신형이라니, 정말이지 이해하기 힘든 판결이었다! 시간이 흐르면 흐를수록 교도소에서 나갈 날이 점점 더 아득해지는 듯했다. 감방의 진짜 동료이자 그가 늘 얼굴을 마주하고 있는 유일한 친구는 시간이었다. 이보다 더 무시무시한 것은 없었다.

시간 앞에서 인간이 할 수 있는 선택은 두 가지뿐이었다. 절망하거나 고집스레 버티는 것! 첫 번째 경우는 죽음을 기다리는 것이고, 두 번째 경우는 살아가는 법을 배우는 것이다. 비록 교도관들을 짜증나게 만들고 결국 말로 끝나는 한이 있더라도.

그는 창문 밖을 살폈다. 오스카 와일드가 바로 지금의 자신처럼 감옥에 갇혀 있을 때 썼던 시 구절이 생각났다.

죄수들이 하늘이라 부르는
기다란 파란 조각을
그렇게 애틋한 눈으로 바라보는
남자는 생전 처음 보았네.

그때 감방 문이 확 열렸다. 그리고 여러 해 전부터 그를 담당하고 있던 교도관 제임스 그레고리가 안으로 들어왔다. 그는 아직 열어 보지 않은 편지봉투를 만델라에게 건넸다. 그러고는 가만히 쳐다보았다.

"웬일로 열어 보지 않았지? 내 편지는 항상 당신이 미리 읽고서 검열을 했잖소?"

만델라가 의아한 표정으로 말했다.

"이 편지는 읽을 필요가 없소. 지금 전 세계가 모두 그 이야기를 하고 있으니."

교도관이 대답했다.

편지봉투에 발신인 이름이 적혀 있었다. 그 편지를 쓴 사람은 남아프리카 공화국의 대통령 피터르 빌럼 보타였다.

“어제 대통령이 텔레비전으로 발표를 했소!”

제임스가 다시금 알려 주었다.

“밖으로 나가 줄 수 있겠소? 혼자 읽고 싶은데…….”

“싫소.”

교도관은 자못 단호하게 말했다.

“대통령이 자유를 주겠다고 알리는 편지를 읽을 때의 당신 얼굴을 꼭 보고 싶거든요.”

만델라는 심장이 터질 것 같았지만 애써 감정을 겉으로 드러내지 않았다. 그는 작은 책상에 앉아서 편지를 읽기 시작했다. 제임스 말이 맞았다. 대통령이 그에게 자유를 주려 하고 있었다.

그런데 한 가지 중요한 조건이 붙어 있었다. 소수의 백인이 남아프리카 공화국을 지배한 지가 이미 너무 오래되었다. 주민 대부분이 흑인인 나라를…….

흑인들에게는 투표권조차 없었다. 인간다운 품위를 지키며 살아가는 일이 흑인들에게는 조금도 허락되지 않았다. 흑인들은 백인들이 사는 지역과 멀리 떨어진 곳에서 살고 공부하고 일해야 했다.

만델라는 아파르트 헤이트, 다시 말해 ‘분리’라고 불리는 그 정책과 제도에 대항하는 투쟁의 선두에 섰다. 투쟁은 종종 과격하게 진행되기도 했다. 그러한 이유로 1962년에 종신형을 선고받았다.

남아프리카 공화국으로 보내는 편지

시간이 흐르면서 그는 간디의 비폭력 저항 철학을 수용했다. 그래서 비록 감옥에 수감되어 있었지만, 인종 분리 정책과의 투쟁에서만큼은 다들 이론의 여지 없이 최고의 지도자라고 생각했다.

그가 수감되어 있는 동안 흑인들의 상황은 조금도 나아지지 않았다. 그런데 지금 대통령이 그에게 자유를 주겠다고 제안한 것이다. 대신에 남아프리카 흑인들을 위한 싸움을 중단하고 침묵을 선택한다는 조건을 받아들여야 했다.

바야흐로 감방의 문이 열리려 하고 있었다. 꿈속에서처럼 뒤를 돌아보지만 않으면 이제 온전히 자유의 몸이 될 수 있었다. 그는 종이와 펜을 들고 편지를 썼다. 교도관은 그에게서 잠시도 눈을 떼지 않았다. 비록 지금은 초라한 죄수복을 입고 있지만, 만델라는 품위와 자존심을 지킬 줄 알았다.

만델라가 편지를 건네기 위해 일어서는 순간, 제임스는 거의 본능적으로 차려 자세를 취했다. 만델라가 앞으로 펼쳐질 미래의 주인이라는 사실을 알아차렸던 것이다. 백인 교도관이자 보타 대통령의 지지자인 자신 같은 사람은 이제 과거를 상징하는 퇴물에 불과했다.

"당신이 이 편지도 읽게 되기를 진심으로 바라오. 이 편지를 수취인에게 전해 주시오."

만델라가 미소를 지었다.

"대통령에게 보내는 답장입니까?"

"남아프리카 공화국에 보내는 답장이오."

만델라가 대답했다.

"내 딸 진지스와에게 전해 주구려."

그리고 죄수들이 하늘이라 부르는 기다란 파란 조각을 바라보았다.

자유를 얻을 때까지 투쟁을!

다음 일요일, 거대한 인파가 흑인 거주 지역인 요하네스버그 소웨토의 자불라니 운동장으로 모여들었다. 인종 분리 정책의 폐지를 위해 싸우다가 노벨 평화상을 받은 데스몬드 투투 대주교를 축하하기 위한 자리였다. 하지만 사람들이 운동장으로 달려온 까닭은 그것뿐만이 아니었다. 바로 만델라의 막내딸인 진지스와의 연설을 듣기 위한 것이기도 했다.

진지스와는 크게 감동한 얼굴로 마이크를 잡고 아버지에게서 받은 편지를 읽어 내려갔다. 만델라는 딸의 입을 통해 흑인들에게 직접 자신의 생각을 전하기로 결심했다.

스물다섯 살인 진지스와는 아버지와 똑같이 용기 있고 당당한 눈빛이었다. 그녀는 이 자리에 아버지가 서 있어야 하지만, 지금은 감옥에 있어서 그럴 수가 없다고 말했다. 아버지는 보타 대통령으로부터 당장 투쟁을 포기하고 흑인들에게 무기를 내려놓게 한다면 자유를 주겠다는 제안을 받았다고 설명했다.

"제 아버지가 여러분에게 알리고 싶어 하는 사실은 바로 이것입니다. 아버지는 감옥에 계시는 동안, 폭력을 사용하지 않은 채 정부에 수차례 요구 사항을 전달했습니다."

진지스와는 이렇게 말한 뒤, 아버지의 편지를 천천히 읽어 내려갔다.

"우리는 한 번도 답변을 듣지 못했습니다. 오히려 또 다른 폭력을 경험했습니다. 이제 폭력을 거부할 사람은 바로 보타 대통령입니다. 인종 분리 정책이라는 수치스러운 법의 폐지를 알릴 사람 역시 바로 보타 대통령입니다. 전 국민이 자유롭게 활동할 수 있도록 정치적 자유를 보장해 줄 사람도 바로 보타 대통령입니다. 국가를 이끌 지도자를 여러분의 손으로 선택할 수 있게 말입니다."

청중들이 열렬한 박수로 그의 말을 환영했다. 그러나 곧 깊은 침묵이 운동장에 내려앉았다. 넬슨 만델라의 대답을 들어야 할 순간이 되었던 것이다.

진지스와가 아버지의 말을 대신 전했다.

"나는 보타 대통령에게 대답하려 합니다. 여러분이, 전 국민이, 그리고 내가 진정으로 자유로워질 때까지 투쟁을 계속할 수밖에 없다고 말입니다! 나는 여러분에게 약속하겠습니다. 우리가 모두 자유로워진다면 나도 곧 여러분에게로 돌아갈 겁니다!"

그 말을 듣자마자 군중들은 우레 같은 함성으로 환호했다. 만델라는 보타 대통령에게 회유되지 않았다. 그들을 절대로 버리지 않을 것이다. 그럴 일은 절대로 일어날 수 없었다.

5년 뒤, 새로 뽑힌 대통령이 만델라에게 아무 조건 없이 자유를 주었다. 비로소 인종 분리 정책은 끝이 났다. 마침내 모든 남아프리카 공화국

국민들이 투표권을 갖게 되었다.

1993년에 만델라는 노벨 평화상을 수상했고, 그 뒤 득표율 62퍼센트로 남아프리카 공화국의 대통령에 선출되었다. 마침내 남아프리카 공화국의 지도자가 되었다.

그에게 표를 준 사람들 중에는 백인도 상당히 많았다. 그 백인들 가운데는 예전에 감방에서 그를 담당했던 교도관 제임스 그레고리도 있었다. 어쩌면 그가 미래의 대통령이라는 걸 알아본 최초의 인물이었을지도 모른다.

환경 파괴에 '아니요!'라고 말하기

씨앗의 조작은 우리 삶을 무너뜨린다 _반다나 시바

1987년

인류 역사상 농사를 처음 짓기 시작한 건 여자들이었을 가능성이 아주 높다. 그때 남자들은 사냥을 하거나 가축을 기르는 일을 시작했을 것이다. 여자들은 집에서 남자들을 가만히 기다리고만 있지 않았다!

아마도 어느 순간 예리한 관찰력을 가지고서, 들판에 씨를 뿌리면 싹이 나는 자연 현상을 알아챘을 것이다. 그리고 시간과 끈기를 들여서 그러한 현상을 체계화했으리라.

마침내 여자들은 씨앗의 수호자가 되었다. 씨앗은 생명의 원천이자 먹이사슬의 첫 번째 고리였다.

자연의 먹이사슬이 끊어지다

반다나 시바가 고국인 인도로 돌아왔을 때, 그녀는 이 사슬이 끊어지려 한다는 걸 단박에 알아차렸다. 사슬은 이미 한창 파괴되어 가는 중이었다.

반다나는 유럽과 북미에서 몇 년간 공부를 했다. 하루 빨리 고국으로 돌아가 오염되지 않는 아름다운 땅을 거닐 날만을 기다렸다. 하지만 인도에 다시 발을 디뎠을 때 곧 변화를 감지하고 말았다. 길고 긴 시멘트 도로가 그녀가 태어난 계곡을 가로지르고 있었다. 산등성이에는 거대한 댐이 위협적으로 버티고 있었다.

불과 몇 년 사이에 인도 전역에 100여 개의 댐이 건설되었다. 수력 발전소에서 에너지를 생산하는 데 이용하는 댐이었다. 그 댐을 건설하기 위해서 강물이 흐르는 방향을 바꾸어 물길을 끊어 버렸다. 산악 지대와 계곡에 사는 주민들 중 그 누구에게도 의견을 물어보지 않은 채.

그곳에 사는 주민들은 까마득한 옛날부터 조상 대대로 그곳에서 살며 일했다. 그들은 하루아침에 자신의 집을 버리고 떠나야만 했다. 그들 대부분은 재산이 거의 없는 가난한 이들이었다.

반다나는 혼잣말을 중얼거렸다.

'이런 일이 어떻게 일어날 수 있지? 이런 파괴의 재난을 초래한 책임자는 누구지?'

그녀는 그것을 밝혀 보기로 마음먹었다. 일단 화려한 색상의 사리를 꺼내 입었다. 사리는 몸을 감싸는 긴 천으로 된 인도의 민속 의상이었다. 그리고 이마 한가운데에 빈디(빨간 점)를 크게 그렸다. 인도 여인들은 빈디로 얼굴을 치장했다. 머리를 묶어 뒤로 틀어 올린 다음 거리를 걸어가기 시작했다.

처음에 그 여행은 매우 절망적이었다. 그녀는 이미 파괴될 대로 파괴된 들판을 가로질러 걸으며, 극도의 가난 속에서 허덕이는 주민들과 마주쳤다.

어느 날 드넓은 평야를 지나고 있을 때였다. 물이 가득 든 양동이를 머리에 이고 가는 여자를 보았다. 근처에는 마을이 아예 없었다. 반다나는 그녀를 쫓아가 어디로 가는지 물었다.

여자는 양동이를 땅에 내려놓지도 걸음을 멈추지도 못한 채, 집으로 가는 길이라고 대답했다. 아직 몇 킬로미터를 더 걸어가야 한다나. 그 지역에서도 강줄기의 방향을 바꿔 놓는 바람에 날마다 물을 길러 10킬로미터를 더 걸어야만 한다고 했다.

반다나는 그녀를 따라 걸었다. 인도에서 지금 일어나는 일을 보면서 경악하고 있으며, 왜 이런 일이 일어나는지 도무지 이해할 수가 없다고 털어놓았다. 양동이를 인 여자는 반다나의 말을 가만히 듣고 나서 대뜸 이렇게 물었다.

"저쪽에 뭐가 보이나요?"

"숲이요."

반다나가 대답했다.

"그 숲을 특수 렌즈로 지켜보는 남자들이 있어요."

여자는 여전히 머리에 양동이를 인 채 걸음을 재촉하며 말했다. 그녀의 걸음걸이는 매우 단호했다. 행동거지도 왠지 모르게 신비하게 느껴졌다. 반다나는 최대한 주의를 집중해서 그녀의 이야기에 귀를 기울였다.

여자가 말을 이었다.

"마치 마법의 안경을 끼기라도 한 사람들 같아요. 당신 눈에는 숲으로 보이는 그곳을, 그 남자들은 베어서 팔 나무들이 우거진 벌목지로 보고 있어요. 당신 눈에는 강으로 보이는 곳을, 그 남자들은 이용할 물이 잔뜩 고여 있는 장소로 보는 거예요. 당신 눈에 보이는 자그마한 식물과 가녀린 약초, 텃밭의 작물이 그들 눈에는 약품으로 만들어서 판매할 원료로 보이는 거지요."

반다나는 그녀의 말을 금방 이해했다. 여러 나라에서 일하는 다국적 기업들이 인도의 드넓은 땅들을 모조리 차지해 버렸다.

지금은 사방에서 천연자원들을 제멋대로 이용하느라 분주히 활동하는 중이었다. 더 많은 이익을 얻기 위해 그들은 생태계를 주저 없이 파괴해 버렸다. 다국적 기업들은 돈이 많고 강력한 힘을 가지고 있었다. 인도인들에게는 그런 부당한 폭력에 맞서 싸울 능력이 없었다.

다국적 기업의 횡포

희망을 잃어 가던 반다나는 우연히 아주 중요한 장면을 발견하게 되었다. 길을 가던 도중, 몇몇 사람들이 무리지어 시위를 하는 모습을 목격하게 되었다. 그 사람들의 선두에 선 이는 모두 여자였다. 땅을 보호하기 위해 행진과 파업을 주도하고 적극적으로 행동하는 사람들이 바로 여자들이었던 것이다.

반다나는 바야흐로 '칩코 여인들'을 만났다. 칩코는 인도 말로 '포옹'을 의미했다. 홍수와 산사태와 가뭄의 원인이 되는 삼림 벌목을 막으려고 여자들이 나무를 온몸으로 감싼 채 남자들을 막아섰다. 자신들의 몸을 방패로 삼아서라도 나무를 보호하려 애썼다. 이 때문에 정부는 몇 번이나 벌목 작업을 중단해야만 했다.

반다나는 곧 플라치마다의 여인들도 알게 되었다. 케랄라주의 어느 작은 마을에 다국적 기업의 공장이 있었는데, 매일 150만 리터의 물을 소비하는 바람에 정작 그 지역의 가정에서는 물을 전혀 사용할 수가 없었다. 여자들은 꾸준한 시위를 통해 그 공장의 문을 닫게 만들었다.

반다나는 처음에 혼자서 길을 떠났다. 그런데 집으로 돌아올 때는 아주 중요한 전쟁을 시작할 준비를 마친 50만 명의 시위자들과 함께였다. 생명의 근원이자 최초의 고리인 씨앗을 보호하기 위한 전쟁이었다.

유전자 변형 씨앗의 비밀

다국적 기업들은 새로운 형태의 씨앗을 판매했다. 그때까지만 해도 씨앗을 사는 사람이 없었다. 수백 년 전부터, 아니 어쩌면 수천 년 전부터 인도 여자들은 씨앗을 세심하게 보관해 왔다. 그리고 다음 세대에 전해 줄 새로운 씨앗을 부지런히 싹틔웠다. 그런 씨앗을 토종 종자라고 불렀다.

이제 다국적 기업들은 종자가 개량되었다고 주장했다. 씨앗은 밭이 아니라 연구실에서 생산되었다. 죄다 유전자를 변형한 씨앗들이었다. 그러한 씨앗들은 농산물을 재배할 때 사용하는 독성 강한 살충제에도 전혀 영향을 받지 않았다.

한편, 다국적 기업들은 그런 살충제를 생산하는 게 자신들이라는 사실이 드러나지 않도록 각별히 조심했다. 그리고 자신들이 판매하려는 씨앗이 열매를 맺지 않는다는 것, 그러니까 다른 씨앗을 생산하지 않는다는 사실을 애써 숨기려 했다. 그래서 파종 시기가 되면 농부들은 어쩔 수 없이 새로운 종자를 구입해야 했다.

반다나는 그 전쟁에서 결코 패하지 않아야 한다는 것을 깨달았다.

"씨앗을 조작한다는 것은 우리의 삶과 우리 음식과 우리의 자유를 조작한다는 뜻입니다. 씨앗은 농사를 짓는 농부들이 관리해야 합니다!"

반다나는 1987년에 여행 중에 만난 수많은 사람들과 함께 귀중한 자산을 지킬 단체를 설립했다. 그때부터 그녀는 숲과 강과 식물, 그러니까 삶의 근원을 있는 그대로 바라볼 수 있는 인류의 대변인으로 꾸준히 활동하고 있다.

독재 정권에 '아니요!'라고 말하기

미얀마는 나의 조국이다 _아웅 산 수치

1988년부터 현재까지

집중을 해야만 한다. 문제를 제대로 파악하면 해결책을 찾을 수 있으리라. 그러니까 문제를 잘 분석해 보아야 한다.

미얀마는 내 조국이다. 미얀마에 내가 태어난 도시 양곤이 있다. 양곤에 나의 집이 있다. 나의 집은 나의 것이다. 그리고 나는 아웅 산 수치다. 내가 원하면 미얀마에, 양곤에, 나의 집에 살 수 있다. 그리고 비행기를 타고 영국으로, 남편과 아이들이 있는 곳으로 돌아갈 수 있다.

철조망 안에 갇히다

그들은 미얀마의 양곤에 있는 내 집 주위에 방어벽을 쳤다. 수많은 초소와 굶주린 개, 사나운 무장병, 무시무시한 철조망으로 이루어진 벽이었다. 난 여기서 한 발짝도 나갈 수가 없다. 전화선도 잘라 버렸다. 그러니까 외부와 연락을 할 수가 없는 것이다.

그렇지만 집중! 내가 원하기만 하면 오늘이라도 당장 비행기를 타고 영국으로 돌아갈 수 있다. 아무도 날 막지 못하겠지. 아니, 골칫거리를 치워 버리려고 제일 빠른 비행기에 태워 보낼지도 모른다.

그렇지만 이대로 가면 난 다시는 여기로 돌아올 수가 없어. 그러면 어떻게 한다? 짐을 싸서 영국 집으로 돌아가면 되지. 대체 뭘 기다리는 거야? 내가 기다리는 건 단 하나뿐이다. 미얀마가 더 이상 공포에 떨지 않는 것!

미얀마는 내 조국이다. 그러니까 내가 태어난 곳이다. 나의 아버지 아웅 산은 1947년에 영국으로부터 독립을 쟁취해 냈기 때문에 미얀마인들에게는 최고의 영웅이었다. 그렇지만 그런 성공을 거두고 얼마 지나지 않아 정적에게 암살당하고 말았다. 그때 나는 고작 두 살이었다.

그 후 나는 긴 여행을 떠났다. 해외에서 학교에 다니며 공부를 했고, 멋진 남자와 사랑에 빠졌다. 그의 이름은 마이클 아리스이며, 티베트 문화를 연구하는 데 몰두했다. 우리는 곧 결혼을 했고, 두 아들을 두었다. 그리고 남편은 옥스퍼드 대학교의 교수가 되었으며, 우리는 영국에서 그 누구보다 행복하게 살았다.

1988년에 어머니가 뇌졸중으로 쓰러졌다. 그래서 나는 미얀마에 있는 양곤으로, 그러니까 우리 집으로 돌아왔다. 그제야 나의 조국이 군부 독재 정권 치하에 있다는 사실을 깨달았다.

조국을 떠나 있던 동안에도 상황을 계속 주시했지만, 상황이 이 정도까지일 줄은 상상조차 하지 못했다. 그 무렵 쏘마웅 장군은 자신의 집권에 반대하는 수천 명의 학생들과 승려들을 살해하거나 추방했다.

나는 침대에 힘없이 누워 있는 어머니에게로 몸을 숙였다. 어머니는 숨을 거둬 가는 중이었다. 우리는 너무나 오랜 시간 떨어져 있었다. 별다른 근심 없이 이별의 마지막 순간을 즐길 수 있다면 얼마나 아름다울까? 내가 돌아왔다는 소식이 전해지자, 내 동포들의 마음속에 희망의 불꽃이 피어났다.

"아웅 산 장군의 딸, 아웅 산 수치가 돌아왔다!"

나는 영웅이자 순교자, 말하자면 상징적인 인물의 딸이었다. 이 사람들이 나의 민중이었다. 나는 그들에게 속해 있었다. 쏘마웅 장군은 자유선거를 공표했다. 그는 선거에서 이기리라고 확신하고 있었다.

나는 민주주의 민족 동맹의 대표로 선거에 나섰다. 그리고 선거에서 당당히 승리를 거두었고, 수상이 될 준비를 서둘렀다. 민주주의와 자유와 정의를 부활시킬 준비가 이미 충분히 갖춰져 있었다.

그러나 바로 이 지점에서 역사는 복잡하게 전개되기 시작했다. 쏘마웅 장군은 선거 결과를 무효화하려 했다. 나를 집에 연금했다. 내 집 주위에 요새를 쌓고 나를 그 안에 가두어 놓았다.

사실 내게는 선택의 여지가 있었다. 영국으로 돌아가 영원히 미얀마에 오지 않을 수 있었으니까. 이곳에 계속 머문다면 내 가족과 멀리 떨어져 전화 통화도 하지 못한 채 집 안에만 갇혀 지내야 했다.

규칙 없는 세상

선거 운동 기간 중에 어머니가 돌아가셨다. 어머니는 인도 주재 미얀마 대사였다. 그 누구보다 학식과 교양이 있는 지식인이었다. 어머니와 함께 간디 철학에 대해 얼마나 열띤 토론을 했던지! 그런데 집에 연금된 지금에서야 간디 철학의 의미를 제대로 이해할 수 있을 듯했다.

간디의 지혜는 참으로 뛰어났다! 또 얼마나 용기 있는 남자였던가! 폭력에 의지하지 않고 절대 절망하지 않고 모욕과 부당함을 견뎌 냈다. 그러려면 크나큰 용기가 필요했다. 정말 용기 있는 사람이 되어야 했다.

하지만 나의 조국은 공포에 휩싸여 있었다. 독재자들은 권력을 잃을까 봐 두려워하며 폭력으로 유지하려 들었다. 민중들은 처벌을 받을까 봐 두려워서 권력 남용과 폭력을 순순히 받아들였다.

규칙이 없는 세상에서는 공포가 규칙이 되었다. 죽을지도 모른다는 공포, 먹을 게 없을지도 모른다는 공포……. 심지어 공포를 제 이름으로

부르지도 않게 되었다. 노골적으로 '지혜'라고 부르지는 않았지만 '상식'이라고 일컫기 시작했다.

공포는 인간의 자연스러운 상태가 아니었다. 문명 국가에서 추방되어야 마땅한 것이었다. 나는 나의 조국이 문명 국가이길 간절히 바란다!

결론적으로 나는 가혹한 독재 정권이 나를, 이렇게 작고 무장 해제된 여자를 두려워하는 게 아닌가, 하는 의심이 들었다. 그리고 미얀마 민중들을 두려워하는 듯싶기도 했다. 그렇지 않고서는 국민들을 죄다 감옥에 가둘 이유가 없었다. 다행히 전 세계가 이곳에서 어떤 일이 벌어지는지를 샅샅이 알게 되었다.

그런데 지금 자꾸 딴 생각이 난다. 연설을 해야 하는데 집중이 잘 되지 않는다. 어쩌면 벌써 결정을 했기 때문일 수도 있다. 미얀마는 나의 조국이다. 난 이곳을 떠나지 않을 작정이다.

너무나 많은 사람들이 내게 희망을 걸고 있다. 비록 이 집 안에 갇혀 있기는 하지만, 내가 살아 있다는 사실을 아는 한은 희망을 버리지 않을 게 분명하다. 그리고 희망에서 용기가 다시 피어난다.

투쟁의 결실, 노벨 평화상을 수상하다

나는 2010년 11월 13일에야 자유를 찾았다. 감옥 생활이나 마찬가지였던 그 기간 동안, 나는 노벨 평화상을 수상했다. 그리고 나의 자유를 위해 그토록 열심히 싸웠던 남편 마이클 아리스가 사망했다. 노벨상 시상식에도 가지 못했고, 남편과 마지막 작별 인사를 나누지도 못했다. 한 번 떠나면 다시는 돌아올 수 없는 길이건만…….

어쨌거나 나는 희망의 씨앗을 뿌렸다. 내 방식대로 할 수 있는 만큼 저항했다. 2012년에야 노벨상을 두 손에 거머쥐었다. 그리고 2016년 4월에는 내 조국 미얀마의 장관이 되었다.

교육 차별에 '아니요!'라고 말하기

펜과 책이 세상을 바꾼다 _말랄라 유사프자이

2014년 12월 10일

스웨덴의 화학자 알프레드 노벨은 살아 생전 두 가지 천재적인 아이디어를 생각해 냈다. 한 번은 19세기 중반이었고, 또 한 번은 같은 세기 말이었다.

첫 번째 아이디어에서 탄생한 다이너마이트의 발명은 그를 순식간에 부자로 만들었다. 두 번째 아이디어는 그를 단지 다이너마이트 발명가로만, 전쟁으로 크게 이득을 본 '죽음의 상인'으로만 역사에 남지 않게 해 주었다.

그는 자신의 이름을 딴 상을 제정해서, 해마다 과학과 예술 분야에서 눈부신 성과를 낸 사람들과 전 인류의 삶을 개선하는 데 기여한 사람들에게 수여하고 있다.

마지막 부분의 상, 그러니까 인류의 평화를 위해 기여한 사람에게 주는 상은 세월이 흐르면서 많은 이들이 간절히 수상하고 싶어 하는 상으로 자리 잡았다. 1901년 이후 사람들은 노벨의 이름을 듣고서 다이너마이트를 곧장 떠올리지 않게 되었다. 노벨 평화상을 수상한 사람들로는 마틴 루터 킹과 달라이 라마, 넬슨 만델라, 아웅 산 수치, 김대중(우리나라 15대 대통령) 등이 있다.

용감한 소녀, 탈레반에 맞서다

해마다 12월 10일이면 늘 그렇듯, 2014년 그해에도 노르웨이의 오슬로 시청은 시상식장으로 화려하게 꾸며졌다. 전 세계 텔레비전 방송국과 라디오 방송국들은 그해 노벨 평화상 수상식 장면을 전할 준비를 하느라 바빴다. 그런데 그해에는 뭔가 특이한 일이 벌어지려 하고 있었다.

마침내 트럼펫 소리가 요란하게 울려 퍼지자, 두 명의 수상자가 시상식장으로 뚜벅뚜벅 걸어 들어왔다. 첫 번째 수상자는 미성년자의 노동 착취를 막기 위해 용감하게 싸웠던 인도인 카일라시 사티아르티였다.

그 뒤로 말랄라 유사프자이가 모습을 드러냈다. 소녀라 해도 좋을 만큼 어린 아가씨였다. 동그란 얼굴에 큰 눈을 가진 말랄라는 아름다운 빨간색 천으로 얼굴을 감싸고 있었다.

말랄라는 열한 살 때부터 자신의 고향인 파키스탄에서 어린이들과 여성들의 인권을 위해 싸우기 시작했다. 그녀가 뛰어놀던 스와트 계곡은 과격한 전사들인 탈레반에게 무력으로 점령당했다. 그들은 이슬람 경전인 코란이 세상에서 따라야 할 유일한 법이라고 규정하고서 무력으로 지킬 것을 강요했다.

탈레반은 무엇보다 여자들에게 폭력적으로 굴었다. 여자들의 모든 권리를 부정했다. 그중에는 교육받을 권리도 있었는데, 탈레반은 오로지 남자들만 교육을 받아야 한다고 주장했다.

하지만 말랄라는 계속 학교에 다니기로 결심했다. 책을 히잡(여성 무슬림이 외출할 때 머리와 목을 가리기 위해 두르는 천) 속에 숨기고서 매일 수천 가지의 위험과 대면하면서 꾸준히 학교에 다녔다.

뿐만 아니라 자신의 나라에서 벌어지고 있는 일을 전 세계에 낱낱이 알리기로 마음먹었다. 그래서 영국의 주요 방송국 사이트에 글을 쓰기 시작했다. 그녀의 글은 곧 서방 세계의 관심을 받았고, 비록 어린 나이이긴 하지만 전 세계 기자들과 인터뷰를 했다. 그녀가 하는 말들은 하나같이 중요하고 심각했다. 그 말들은 말랄라를 적으로 생각하는 탈레반의 귀에도 곧 들어갔다.

2012년에 무장한 두 명의 남자가 학교 버스에 갑자기 올라탔다. 말랄라는 수업이 끝나고 집으로 가기 위해 그 버스에 타고 있었다. 두 남자는 다짜고짜 말랄라의 머리와 목에 총을 쏘았다. 그 서슬에 말랄라의 친구들도 부상을 입고 가까스로 도망쳤다.

말랄라는 기적적으로 목숨을 구했다. 영국 버밍엄의 퀸 엘리자베스 병원에서 길고 긴 수술을 받은 끝에 어렵사리 건강을 회복했다. 그녀는 자신을 공격한 사람들에게 첫 번째 공식 메시지를 전달했다.

"총을 사용해서 우리의 입을 막을 생각이라면, 당신들은 절대로 성공하지 못할 것이다!"

어린이가 존중받는 세상을 꿈꾸며

2년 뒤, 말랄라는 오슬로에서 노벨 평화상을 수상했다. 트럼펫 소리와 함께 시상식장에 있던 사람들이 모두 자리에서 일어났다. 스웨덴 왕실의 사람들이 자리에 앉는 걸 보고서, 말랄라는 감사 연설을 하기 위해 연단으로 올라갔다.

"저는 이 상을 받은 최초의 파키스탄 사람, 파키스탄 여자, 최초의 젊은이라는 사실이 아주 자랑스럽습니다. 아직도 걸핏하면 사소한 일로 남동생과 다투는 최연소 노벨상 수상자이기도 합니다."

그녀의 말에 식장 안의 청중들이 함빡 미소를 지었다.

맨 앞줄에는 말랄라와 같이 탈레반의 총에 맞았던 친구들이 눈부시게 환한 옷을 차려입은 채 앉아 있었다. 말랄라는 그 친구들과 함께 공부에 대한 열정과 사랑을 나누었다. 바로 그 열정과 사랑을 용기로 바꾸어 왔다.

"스와트 계곡 주위에서만 400개가 넘는 학교가 탈레반의 손에 파괴되었습니다. 그들은 단지 여자라는 이유로 학교에 다니지 못하게 합니다. 아무 죄도 없는 사람들이 수없이 많이 살해되었습니다. 우리는 모두 엄청난 고통을 겪었습니다. 우리의 꿈은 순식간에 악몽으로 변했습니다."

말랄라는 확고하면서도 분노가 배인 목소리로 말했다.

말랄라가 자란 스와트 계곡에서는 지금도 교육을 범죄 행위로 규정해서 고발하고 있으며, 교육에 대한 열망을 죽음과 맞바꾸는 경우가 많았

다. 단호한 몸짓과 확신에 찬 목소리로 말랄라는 계속 말을 이었다.

"오늘 저는 학교에 갈 수 없는 6,600만 소녀들을 대표해서 이 자리에 섰습니다. 교육이 왜 그렇게 중요하냐는 질문을 받을 때마다, 저는 어린이와 선생님과 펜과 책이 세상을 바꿀 수 있다고 대답하곤 합니다."

전 세계에 메시지를 보낼 수 있는 시간이 불과 몇 분밖에 남지 않았다. 말랄라는 자신이 무슨 말을 해야 하는지 잘 알고 있었다. 그녀는 자신에게 벌어진 일이 두 번 다시 일어나지 않기를 바랐다. 그래서 자신의 꿈을 이야기했다. 어린이의 권리가 존중되는 세상을 만드는 것이 꿈이었다.

"공장에서 어린 시절을 보내는 남자아이나 여자아이가 앞으로 한 명도 없길 바랍니다. 아무 죄 없는 어린이가 전쟁터에서 죽어 가는 일도 이제 끝나기를 바랍니다. 여자아이에게 교육은 권리가 아니라 범죄라고 가르치는 일도 사라지기를 바랍니다. 바로 이 끝에서 우리는 새롭게 시작할 수 있습니다!"

역사가 흘러오는 동안 인간은 달에 다녀오기도 했고, 화성에도 곧 발을 디디게 될 것이다. 그러나 아직 여기 지구에서도 이루어 내야 할 도전이 너무나 많다. 사라져야 할 부당한 일들이 수없이 널려 있다는 뜻이다.

말랄라 유사프자이는 우선적으로 실현해야 할 일을 사람들에게 알렸다. 알프레드 노벨 덕분에 그 무대에서 전 세계가 진지하게 그녀의 말에 귀를 기울이게 되었다.

체념에 '아니요!'라고 말하기

루게릭병과 맞서 싸운 천재 물리학자 _스티븐 호킹

1963-2018년

몸은 시간과 함께 배워 나가야 할 탐험의 땅이다. 그러나 이 드넓은 대륙이 순식간에 사람이 살아가기 힘들 만큼 척박해져 달아나기조차 불가능한 황야로 변하는 일이 종종 벌어진다. 갑자기 적이 몸을 옴짝달싹하지 못하도록 점령해 버리기라도 한 듯이. 어떻게든 물리치거나 방어해 보려는 시도조차 불가능하게 만들 정도로 끔찍한 침입자처럼 말이다.

스티븐 호킹에게 바로 그런 일이 벌어졌다.

그는 운동 선수가 아니었기에 한 번도 늠름한 체격을 가져 본 적이 없었다. 오히려 몹시 마른 청년이었다.

희귀병에 점령당한 스무 살의 과학도

스티븐 호킹은 붉은 기가 도는 덥수룩한 앞머리 밑으로 커다란 검은 테 안경을 썼으며, 약간 어색한 표정으로 미소를 짓곤 했다. 그가 다닌 영국의 유명 대학에서는 운동을 아주 중요히 여겼기 때문에 그 역시 가장 잘할 수 있는 것으로 한 가지 찾아내야 했다. 그래서 조정 경기에서 키잡이로 활약했는데, 조수들과 호흡을 매우 잘 맞췄고, 그들이 최대한의 힘을 이끌어 낼 수 있도록 격려했다.

호킹은 무엇보다 손재주가 좋았다. 어릴 때부터 자명종이나 라디오를 놀랄 만큼 빠르게 분해했다가 다시 조립하곤 했다. 또 기계 장치와 밸브, 전기 회로 등을 관찰하기를 좋아했다. 그래서 부모님은 그에게 '아인슈타인'이라는 별명을 붙여 주었다. 이렇듯 어린 시절에 보였던 과학에 대한 호기심은 시간이 흐르면서 아주 중요한 결과물을 만들어 냈다.

초기에는 공부에 크게 흥미를 못했지만, 옥스퍼드 대학교 물리학과를 졸업할 때는 최고 점수를 기록했다. 그리고 곧 우주론에 관심을 갖기 시작했고, 모두들 그가 중요한 과학자가 되리라고 확신하게 되었다. 그런데 얼마 뒤부터 몸에 이상한 증상이 나타나기 시작했다.

바닥에 힘없이 쓰러지는 일이 잦았는데, 두 손이 쓰러질 때의 충격을 완화하는 데 전혀 도움을 주지 못했다. 게다가 두 손을 뜻대로 사용할 수 없는 일이 점점 더 자주 일어났다.

어느 날, 그는 혼자서 목도리를 묶을 수 없다는 걸 알아차렸다. 막 스무 살이 되던 해인 1963년이었다. 의사는 정밀 검사를 통해 그가 루게릭

병(근위축성 측색 경화증)이라는 희귀병에 걸렸다는 진단을 내렸다.

이어서 의사는 시간이 흐를 수록 몸이 점점 더 허약해져서 결국은 마비되어 버릴 거라고 덧붙였다. 말을 하지 못하는 것은 물론이고, 숨을 쉬는 것조차 힘들어질 거라나?

그의 심장과 폐, 뇌는 계속 움직이겠지만, 외부 세상과 소통을 하는 일은 불가능할 수도 있다고 했다. 이런 상태로는 길어야 5년 정도밖에 생존할 수 없을 거라는 예측까지 덧붙였다. 어쩌면 그보다 더 짧을지도 모른다며…….

잔인한 침입자가 그의 몸을 점령하고 잔인하게 승리를 거두려 했다. 얼마 동안은 그를 인질로 잡고서 심장 한가운데다 검은색 깃발을 꽂을 것이다.

어쩌면 고대의 몇몇 수도사들이 조언했듯이, 그는 그 끔찍한 운명을 달게 받아들이려 했을지도 모른다. 다른 선택의 가능성이 전혀 없었으니까 체념하듯이 현실을 있는 그대로 받아들이는 수밖에.

그런데 그런 상황에서 희망을 갖는 건 말도 안 되는 일일까? 그래도 아직은 뭔가 시도를 해 볼 수 있지 않을까? 아니, 이 일을 계기로 뭔가 새로운 걸 창조해 낼 수 있지 않을까?

우리가 어떤 목표를 갖게 되면 시간은 갑자기 동맹군이라도 된 것처럼 친절하게 굴면서 예기치 않은 에너지를 제공하러 달려온다. 그래서 의지의 힘이 대항을 하는 순간, 적은 무력하게 압도당할 수밖에 없다.

불행 앞에서 체념하지 않기

몸은 순식간에 그를 버렸다. 호킹은 곧 휠체어에 의지해서 살아가야만 했다. 하지만 그는 체념하지 않고 끝까지 싸우기로 결심했다. 그 전투에서 혼자만 싸우는 게 아니기 때문이기도 했다. 그의 곁에는 아내 제인 와일드가 있었다. 그녀는 세심했고 용기 있었으며 재주가 많았다.

두 사람은 시간이 지나면서 생활 습관을 바꾸는 데 성공했다. 호킹은 움직임을 최소한으로 줄이고, 그 어떤 육체적 노력도 피했다. 불굴의 의지와 삶에 대한 애착으로 그는 '적'이 점령한 '땅'의 일부분 다시 빼앗아 정복했다. 이미 말이 나오지 않고 온몸이 거의 마비된 상태였는데도 의사 표현을 할 수 있었다.

뺨의 근육 일부는 아직 그의 것이었다. 호킹은 그 근육을 자유롭게 수축하고 이완시킬 수 있었다. 그사이 눈부시게 발전한 기술을 이용해서 과학자들은 호킹을 위한 복잡한 컴퓨터를 설계했다.

그들은 남아 있는 근육에 감지기와 근육 수축을 기록할 미세 장치를 부착했다. 근육이 수축될 때마다 컴퓨터가 클릭되었다. 일정한 수의 클릭이 바로 글자로 변환되는 것이다. 컴퓨터는 문자를 인식하고 그것을 일일이 기록했다.

이런 식으로 호킹은 책을 계속 집필해 나갔다. 그는 이렇게 연구를 계속했고, 물리학과 수학, 우주의 탄생에 관한 자신의 생각을 세상에 널리 알리고 소통했다. 몇 년 전부터 컴퓨터는 그의 말을 읽을 수 있게 되었고, 입력된 목소리로 그가 말하는 게 가능해졌다.

눈에 보이지 않는 적이 그의 몸에 검은색 깃발을 꽂은 지 50년이 더 지난 뒤였다. 아마도 그 적은 정말 희귀하고 음흉할지도 몰랐다. 어쩌면 호킹의 고집이 그 끔찍한 침입자를 이기지는 못했지만, 마음대로 길들였는지도 모를 일이었다.

물리학에 대한 호킹의 공헌은 그에게 많은 특별한 명예를 가져다주었다. 1974년에 왕립 학회의 최연소 회원이 되었고, 1977년에는 케임브리지 대학교의 중력 물리학 교수가 되었으며, 1979년에는 한때 아이작 뉴턴이 지냈던 케임브리지 대학교 루카스좌(座) 수학 교수로 임명되었다.

한편, 1988년에 펴낸 과학 책《시간의 역사》는 영국에서만 60만 부 이상, 전 세계에서 1,000만 부 이상의 판매를 기록해 호킹을 대중적인 과학 전문 저술가로 알려지게 만들었다.

2015년에는 스웨덴 스톡홀름 KTH 왕립 과학원에서 열린 강연에서 블랙홀과 관련된 새로운 이론을 제시했으며, 2017년에는 노르웨이의 천체 우주 과학 축제 스타무스 페스티벌에서 30년 안에 지구를 떠나야 한다는 지구 탈출설을 발표하기도 했다.

이렇게 물리학 분야에서 눈부시게 활약하던 그는 2018년 3월 14일, 안타깝게도 케임브리지의 자택에서 76세의 나이로 세상을 떠났다.

부당함에 '아니요!'라고 말하기

끝까지 살아남기를! _마바쉬 사베트

현재

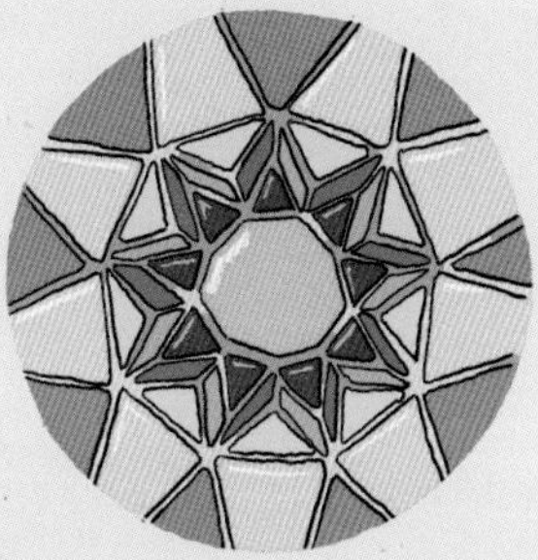

여러분이 지금까지 읽은 이야기는 모두 과거에 일어났다. 이 마지막 장은 바로 현재 벌어지고 있는 일이다. 지금 이 순간에 벌어지는 부당함을 이야기하고 있기 때문이다.

마바쉬 사베트는 이란 여성으로 테헤란 북서쪽에 위치한 에빈 교도소에 2008년부터 수감되어 있다. 마바쉬는 교사이자 시인인데, 이란에서 금지하고 있는 종교인 바하이교(19세기 중엽 페르시아에서 시작된 종교로, 이슬람교 시아파 신앙에 근거를 두고 있다.) 신자다.

바로 이 종교 때문에 체포된 것이다. 2010년에 20년형을 선고받았고, 그 뒤에 10년으로 감형되었다.

교도소에 수감되고 나서 처음 몇 달 동안, 마바쉬는 시를 써서 교도소 밖으로 내보내는 데 성공했다. 우리는 그녀가 교도소에서 어떻게 시를 썼는지는 알지 못한다. 사실 그녀에 대해서 아는 바가 별로 없다.

가만히 생각해 보면, 이것이 그녀에게 가해진 가장 최악의 형벌일지도 모른다. 모든 자유를 잃었을 뿐만 아니라 자신의 생각을 표현하는 것조차 금지되었으니까.

2016년 10월 16일, 처음으로 그녀에게 열흘간의 외출이 허락되었다. 그 기간 동안 그녀는 가족을 만났다. 이때 그녀의 친구들은 사진을 찍어 주었다. 긴 머리칼은 어느새 회색으로 변해 버렸다. 사진 속의 그녀는 손에 큰 꽃다발을 든 채 환하게 웃고 있었다. 반짝이는 두 눈과 밝은 미소에서 평온함이 느껴졌다.

그 사진을 앞에 두고, 나는 오늘 두 통의 편지를 썼다. 첫 번째 편지는 이란 정부에 마바쉬의 석방을 촉구하는 내용이었다. 두 번째는 바로 마바쉬에게 보내는 것이었다. 이런 내용이었다.

마바쉬 씨에게

이 시대가 만들어 낸 터무니없는 상황 때문에, 나는 당신이 읽지도 못하고 답장도 하지 못할 편지를 쓰고 있습니다.

'유용한' 편지, 좋은 말들이 가득 든 천 개의 주머니가 들어 있는 편지를 쓰고 싶어요. 그 말들이 당신의 목소리에 힘을 주고, 당신의 논증에 온기를 주고, 당신의 생각에 적절한 침묵을 선물하고, 뾰족한 연필을 꾹꾹 눌러 쓸 부드러운 종이가 되길 바라요.

그러나 무엇보다 멋진 탈출 계획을 세우고 싶어요. 당신이 교도소에 갇혀 있을 이유가 전혀 없다고 생각하니까요. 한 인간이 그 안에 갇혀 있을 이유가 무엇인지 난 전혀 모르겠어요.

당신이 계속 살아 있다는 그 단순한 사실 자체만으로도, 당신을 교도소에 가두어 둔 사람에게 가장 강력하게 '아니요!'라고 말하는 것과 같아요. 가장 힘겨운 전투를 시작하라고 우리에게 가르쳐 준 사람이 바로 당신이에요. 우리에게 남아 있는 단 하나의 작은 조각을 포기하지 말라고, 끝까지 살아남으라고 가르쳐 준 사람이 바로 당신이에요.

그래서 고맙다고 말하고 싶어요. 자유로운 나라에서 자유의 몸이 된 당신을, 자유로운 세상에서 자유로운 몸으로 만나길 희망합니다.

끝까지 살아남으세요.

어쩌면 수많은 석방 요구를 받으면서 마바쉬의 교도관들은 오히려 자신들의 결정이 옳다고 재확인할지도 모른다. 그렇다고 해도 이런 부당한 조처에 계속 반대할 필요가 있다. 그리고 행동에 옮겨야 한다. 쓰러뜨리지 못할 벽은 없다. 어떤 부당함이든 싸워서 없앨 수 있기 때문이다.

뭔가를 시작해 볼 시간

이 책의 이야기를 다 읽고 나서, 수많은 사람들이 겪어야 했던 불의와 부당함을 다시 떠올리며 여러분은 이런 의문을 가질지도 모른다.

"어떻게 그럴 수가 있지? 어떤 여자나 어떤 남자가 다른 사람에 비해 어떻게 열등하다고 생각할 수가 있지? 입을 다물게 하려고 누군가를 죽이는 일이 어떻게 가능한 수가 있지? 이런저런 이유로 다른 사람의 권리나 행복을 어떻게 빼앗을 수가 있지?"

나는 앞서 소개한 여러 가지 부당한 일 가운데서 어떤 것은 여러분에게 '이해할 수 없는' 일로 비쳐질 수 있으리라 생각한다. 좋은 신호다. 여러분은 적어도 인간 관계를 이해한다는 뜻이니까. 구태의연하고 폭력적이고 위험한 방식을 거부할 수 있는 세대에 속해 있다는 의미이다.

그렇지만 여전히 부당한 일들은 세계 곳곳에서 일어나고 있다. 어느 날엔가 여러분도 뜻하지 않게 부당한 일과 마주하는 일이 벌어질 수도 있다.

만일 여러분 스스로 "내게 저항할 용기가 있을까? 그러려면 어떤 태도를 갖는 게 옳을까?"라는 의문이 든다면, 간단하게 실험을 해 보라고 권한다.

창가에 서서 지나가는 사람들을 바라보라. 주의 깊게 관찰하면서 그들이 누구인지, 무얼 하러 가는 길인지 생각해 보라. 그들에게서 어떤 감정이 느껴지는지도…….

그들을 보고 별 생각이 들지 않는다면? 음, 아직은 준비가 되지 않았다는 뜻인지도 모른다.

만약 그 광경을 보고 즐거운 기분이 든다면, 누군가에게서 여행 친구의 모습을 발견한다면, 그 사람들을 보살피고 싶다는 생각이 든다면, 그 남자 혹은 여자와 함께 꿈과 희망과 열정을 공유하고 싶은 생각이 든다면……. 그 실험은 성공적이라고 자신 있게 말할 수 있다.

여러분은 벌써 뭔가를 시작할 줄 아는 사람이 된 것이다.

'아니요!'라고 당당히 말해요

첫판 1쇄 펴낸날 2019년 9월 17일
4쇄 펴낸날 2021년 7월 19일

지은이 다니엘레 아리스타르코
그린이 니콜로 펠리존 **옮긴이** 이현경
펴낸이 박창희
편집 김수진 이민주 **디자인** 권은숙
마케팅 이상민 강이서 **회계** 양여진

펴낸곳 (주)라임
출판등록 2013년 8월 8일 제 406-2013-000091호
주소 경기도 파주시 심학산로 10, 우편번호 10881
전화 031) 955-9020, 9021 **팩스** 031) 955-9022
이메일 lime@limebook.co.kr **인스타그램** @lime_pub

ISBN 979-11-89208-33-2 44300
979-11-951893-8-0 (세트)

* 이 책에 쓰인 아이콘은 프리픽(Freepik)에서 제공받았습니다.
* 잘못된 책은 구입하신 서점에서 바꾸어 드립니다.
* 본서의 반품 기한은 2026년 7월 31일까지입니다.